Corina Wustmann

Resilienz

Diese Publikation wurde gefördert durch das Bundesministerium für Bildung und Forschung sowie das Bayerische Staatsministerium für Arbeit und Sozialordnung, Familie und Frauen.

Beiträge zur Bildungsqualität
Herausgegeben von Prof. Dr. Wassilios E. Fthenakis,
Direktor des Staatsinstituts für Frühpädagogik in München und
Professor für Erziehungswissenschaft an der Freien Universität Bozen

Corina Wustmann

Resilienz

Widerstandsfähigkeit von Kindern in Tageseinrichtungen fördern

Beltz Verlag · Weinheim und Basel

BELTZ

Ihre Wünsche, Kritiken und Fragen richten Sie bitte an:
Verlagsgruppe Beltz, Fachverlag Frühpädagogik
Werderstraße 10, 69469 Weinheim.

ISBN 3-407-56243-8

1. Auflage 2004

04 05 06 07 08 5 4 3 2 1

Planung/Konzept: Ulrike Bazlen, Weinheim
Lektorat: Sigrid Weber, Freiburg
Herstellung: Anja Kuhne, Weinheim
Satz: Markus Schmitz, Büro für typographische Dienstleistungen, Münster
Druck und Bindung: Druckhaus „Thomas Müntzer“, Bad Langensalza
Umschlaggestaltung: glas ag, Seeheim-Jugenheim
Titelfotografie: Agentur Focus, Hamburg
Printed in Germany

Weitere Informationen finden Sie im Internet unter http://www.beltz.de

Inhalt

Vorwort

Aus pädagogischer Sicht lässt sich das Aufwachsen von Kindern als Abfolge manchmal mehr, manchmal weniger gelingender Entwicklungsschritte betrachten, und vor allem die weniger erfolgreichen Entwicklungsschritte erfahren traditionellerweise die größte Aufmerksamkeit. So ergründet man ihre Ursachen und entwickelt dann ein breit gefächertes Beratungs-, Therapie- und gelegentlich auch Präventionsangebot. Als mögliche Ursachen genannt werden in diesem Zusammenhang fast immer die zunehmenden Belastungen, denen Kinder heutzutage ausgesetzt sind und die sie auf intraindividueller Ebene, innerhalb der Familie, in der Peergroup, in der schulischen und beruflichen Ausbildung oder im gesamtgesellschaftlichen Kontext erfahren.

Nun ist es aber keineswegs so, dass sich angesichts der erhöhten Belastungen eine Gefährdung der kindlichen Entwicklung in großem Maßstab abzeichnen würde. Erstaunlich ist vielmehr die vergleichsweise große Zahl von Kindern, die unter schwierigen Bedingungen aufwachsen, deren Entwicklung aber dennoch eher unauffällig oder sogar positiv verläuft. Dieser Umstand hat mittlerweile die Aufmerksamkeit der Forscher in verschiedenen wissenschaftlichen Disziplinen erregt. Man begann sich zu fragen, welche Faktoren dazu beitragen, dass sich Kinder auch unter widrigen Umständen positiv entwickeln können. Die sich hieraus ergebenden Forschungen werden heute unter dem Begriff der Resilienzforschung zusammengefasst.

Mittlerweile gibt es eine Fülle von Untersuchungen und Einzelbefunden zur Resilienzforschung. Dies darf allerdings nicht darüber hinwegtäuschen, dass sich das Forschungsgebiet noch in voller Entwicklung befindet. Insbesondere aufgrund der Komplexität des Konstrukts gibt es noch eine ganze Reihe offener Fragen, wie z. B. im Hinblick auf differentielle Entwicklungsprozesse oder Anpassungs- bzw. Wechselwirkungsmechanismen zwischen Risiko- und Schutzfaktoren. Um das zu klären, sind weitere Untersuchungen mit vergleichsweise aufwändigen Forschungsdesigns notwendig.

Ungeachtet dieser Problemlagen kann man dennoch davon ausgehen, dass das Resilienz*phänomen* ein empirisch bestätigtes Phänomen ist, das in Verbindung mit einem elaborierten Resilienz*paradigma* Perspektiven eröffnet, die bislang nicht oder zu wenig wahrgenommen wurden. Gerade im Hinblick auf zukünftige Belastungen nicht nur einzelner, sondern aller Kinder gewinnt das Resilienzkonzept als primärpräventives Anliegen eine besondere Bedeutung.

Für die pädagogische Praxis sind die Ergebnisse der Resilienzforschung insofern von großer Wichtigkeit, als dass sie Anhaltspunkte dafür liefern, welche Fähigkeiten und Unterstützung Kinder brauchen, um sich trotz schwieriger Bedingungen gesund und positiv entwickeln zu können. Die Ausbildung und Stärkung von Resilienz kann somit in Kenntnis dieser Befunde zum *integralen* Bestandteil von Bildungs- und Erziehungsprozessen gemacht werden.

Die Befunde der Resilienzforschung zeigen, dass es wichtig ist, Kinder möglichst früh mit effektiven Bewältigungsformen von Belastungen vertraut zu machen. Gerade im Zusammenhang mit dem zwar schon längst bestehenden, nun aber wieder neu diskutierten Bildungsauftrag von Kindertageseinrichtungen stellt sich die Frage nach den Möglichkeiten einer eventuell sogar grundlegenden Resilienzförderung innerhalb dieser Einrichtung. Sieht man von einzelnen Modellvorhaben ab, ist dieses Anliegen bis jetzt allerdings noch vor allem programmatischer Natur. Nicht zuletzt ist die Resilienzforschung als Teil einer größeren gesellschaftlichen Bemühung zu verstehen, Kindern Entwicklungsbedingungen bereitzustellen, damit sie bereits bekannte sowie noch völlig unbekannte Herausforderungen erfolgreich meistern können. Gerade hier hat es in jüngster Zeit einige verdienstvolle neue Aktivitäten gegeben.

Das vorliegende Buch gibt erstmals einen systematischen Überblick über die Entwicklung, den aktuellen Stand sowie die Bedeutung der Resilienzforschung für die Pädagogik. Darüber hinaus wird gezeigt, wie Resilienz gefördert werden kann, welche Ziele und Strategien damit verbunden sind und an welchen Punkten Resilienzförderung in der pädagogischen Praxis konkret ansetzen kann. Dies wird prototypisch für die individuelle Förderebene und für die Beziehungsebene betrachtet und die Rolle der Eltern bei der Entwicklung und Stärkung von Resilienz diskutiert.

Diese Arbeit ist Teil eines von mir initiierten und geleiteten, mit finanzieller Unterstützung des Bundesministeriums für Bildung und Forschung und des Bayerischen Staatsministeriums für Arbeit und Soziales, Familie und Frauen im Staatsinstitut für Frühpädagogik verwirklichten Projektes. Darin sind auch Gedanken enthalten, die in den letzten acht Jahren in der Institutsarbeit entwickelt worden sind und das Profil des IFP mitgeprägt haben. Für die Vorarbeiten und für die Unterstützung danke ich hier namentlich Frau Renate Kropp, Frau Elisabeth Brandmayr, Frau Beate Minsel und Herrn Arndt Ladwig.

Frau Corina Wustmann kommt das Verdienst zu, sich in besonderer Weise mit der Resilienzforschung befasst und auf diesem Forschungsgebiet profiliert zu haben. Sie hat zum Teil weit verstreute Arbeiten zusammengestellt, ausgewertet und auf beeindruckende Weise systematisiert und vorgestellt. Durch die klare Vermittlung der zentralen Gedanken und der damit verknüpften Anliegen hat sie die Voraussetzungen dafür geschaffen, dass das Gebiet der Resilienzforschung auch einem breiteren Interessentenkreis zugänglich wird, sei es zur Information oder als Anregung für weitere eigene Forschungsarbeiten. Ihr Beitrag lässt sich in die Reihe jener Arbeiten einordnen, die die wissenschaftlichen Grundlagen nicht nur für die Implementierung des Bayerischen Bildungs- und Erziehungsplanes bereitstellen, sondern auch für die Bildungspläne anderer Bundesländer, die derzeit entwickelt werden. Frau Wustmann gilt mein aufrichtiger wie herzlicher Dank für ihren Beitrag. Frau Sigrid Weber danke ich für ihre fachkundige Begleitung dieser Reihe und dem Verlag Beltz für die Aufnahme dieser Reihe in sein Programm.

Den Leserinnen und Lesern wünsche ich eine für sie und ihre Praxis anregende Beschäftigung mit dieser in der Tat spannenden Thematik, die in dieser Form auch erstmalig in Deutschland präsentiert wird.

Professor Dr. Dr. Dr. Wassilios E. Fthenakis
München im Mai 2004

1

Einführung

Seit einigen Jahrzehnten unterliegt unsere Gesellschaft einem Transformationsprozess hin zur Postmoderne, der mit zahlreichen kontextuellen, strukturellen und familialen Veränderungen sowie einer zunehmenden sozialen Komplexität verbunden ist. Aufgrund dieser rasanten Veränderungen werden Kinder heute mit immer neuen Herausforderungen konfrontiert. Dazu gehört auch, mit Unsicherheiten, Belastungen und schwierigen Lebensbedingungen umzugehen. Fast tagtäglich ist in den Nachrichten von Katastrophen, Kriegen, Gewaltverbrechen, Unfällen oder Wirtschaftskrisen zu hören. Es wird von hohen Arbeitslosenquoten, einem wachsenden Armutsproblem in der Gesellschaft, Umweltbelastungen, steigenden Trennungs- und Scheidungsraten u. v. m. berichtet. Diese Risikoperspektive ist zunächst mit der Erwartung negativer Konsequenzen für die Entwicklung der Kinder verknüpft. Tatsächlich wachsen viele Kinder aber *trotz* dieser erhöhten Entwicklungsrisiken zu erstaunlich kompetenten, leistungsfähigen und stabilen Persönlichkeiten heran.

Dieses Phänomen hat in jüngerer Zeit das Interesse zahlreicher Forscher aus verschiedenen Fachdisziplinen, z. B. der Entwicklungspsychologie, Heil- und Sonderpädagogik, Epidemiologie, Gesundheitspsychologie, Anthropologie oder Persönlichkeitspsychologie, geweckt und wird heute unter dem Begriff „Resilienz“ genauer untersucht. Folgende Fragen stehen dabei u. a. im Vordergrund: Was macht die Kinder derart „stark“? Über welche Potentiale bzw. „Reservekapazitäten“ verfügen sie, dass sie Risikolagen und schwerwiegende Lebensbelastungen so erfolgreich bewältigen können? Welche schützenden Bedingungen in der Lebensumwelt des Kindes tragen zu einer solchen positiven Entwicklung bei?

Darüber hinaus wird diskutiert, was das Besondere oder Neuartige an dieser Resilienzforschung ist: Liefert sie neue, aussagkräftige Impulse für Präventions- und Interventionsmöglichkeiten, mit denen sich die Prognose von sogenannten Risikokindern verbessern könnte? Oder wird mit dem Resilienzkonzept doch nur „alter Wein in neuen Schläuchen ausgeschenkt“ und „mit einem semantischen Trick Hoffnung und Optimismus in die Diskussion gebracht“ (Laucht, 1999, S. 305)? Welche Hinweise ergeben sich aus den Ergebnissen der Resilienzforschung für zukünftige Bildungs- und Erziehungsprozesse von Kindern? Das heißt: Was sollte/muss künftig (stärker) fokussiert und akzentuiert werden? Welchen Beitrag können die einzelnen Bildungs- und Erziehungskontexte von Kindern – die Familie sowie außerfamiliale Bildungseinrichtungen – leisten, Kinder für die besonderen Risiken in ihrer aktuellen Lebenswelt (noch) besser „auszurüsten“? Wie können dort diese wichtigen Bewältigungskompetenzen wirksam gefördert werden?

Das vorliegende Buch beleuchtet diese Fragen vor dem Hintergrund des aktuellen Forschungsstandes zum Thema Resilienz. Dabei wird zunächst das Konzept der Resilienz in seiner Begriffsbestimmung und Entwicklung (Kapitel 2 und 3) sowie in seinen inhaltlichen und forschungstheoretischen Grundlagen und Besonderheiten vorgestellt und diskutiert (Kapitel 4 und 5). Im Anschluss daran werden die konkreten empirischen Befunde der Resilienzforschung dargelegt (Kapitel 7). Denn sie bilden den Ausgangspunkt für die Konzipierung von Maßnahmen und Angeboten zur Resilienzförderung in den einzelnen Bildungs- und Erziehungskontexten, die in abschließenden Ausführungen an exemplarischen Beispielen aufgezeigt werden (Kapitel 8).

Das Buch verfolgt die Absicht, die Erkenntnisse der – hierzulande doch noch sehr unbekannten – Resilienzforschung insbesondere all denen zugänglich zu machen, die tagtäglich mit der Erziehung, Bildung und Betreuung von Kindern und Jugendlichen betraut sind. Denn diese Forschungsrichtung hat maßgeblich dazu beigetragen, die traditionelle risiko- bzw. defizitorientierte Sichtweise zu überwinden, die jahrzehntelang der pädagogisch-psychologischen Forschung und Praxis und letztlich unserem Bild vom Kind zugrunde lag.

Im Vordergrund steht hier vor allem, die Relevanz dieser Forschungsergebnisse für die Konzipierung von Bildungs- und Erziehungsmaßnahmen in Kindertageseinrichtungen wie auch in der Familie aufzuzeigen und erste Denkanstöße zu geben, wie eine Resilienzförderung in der pädagogischen Praxis umgesetzt werden könnte. Zentral ist dabei insbesondere der Perspektivenwechsel weg von einem Defizit-Ansatz hin zu einem Kompetenz- bzw. ressourcenorientierten Ansatz. Denn diese Tatsache hat eine große Bedeutung für unser alltägliches pädagogisches Handeln, und schafft ein Bewusstsein dafür, den Blick in erster Linie auf die Stärken und Potentiale jedes einzelnen Kindes zu richten und sie als kompetente und aktive Bewältiger zu betrachten.

Die Förderung von Resilienz gehört meines Erachtens zu den grundlegenden präventiven Aufgaben von Kindertageseinrichtungen. Denn resiliente Kinder haben bessere Chancen, die auf sie zukommenden gesellschaftlichen, familialen und individuellen Veränderungen und Krisen erfolgreich zu bewältigen. In einer postmodernen Gesellschaft ist Resilienz eine wichtige Voraussetzung dafür, dass sich Kinder zu selbstsicheren, gesunden und kompetenten Persönlichkeiten entwickeln können. Und dabei sollten wir unsere Kinder mit allen uns zur Verfügung stehenden Mitteln tatkräftig unterstützen.

2

Was heißt Resilienz?

Der Begriff „Resilienz“ leitet sich von dem englischen Wort „resilience“ (Spannkraft, Widerstandsfähigkeit, Elastizität) ab und bezeichnet allgemein die Fähigkeit einer Person oder eines sozialen Systems (z. B. dem Paarsystem oder der Familie), erfolgreich mit belastenden Lebensumständen und negativen Folgen von Stress umzugehen (z. B. Rutter, 2001; Petermann, 2000).[1] Kurz gesagt: Es geht um die Fähigkeit, sich von einer schwierigen Lebenssituation nicht „unterkriegen zu lassen“ bzw. „nicht daran zu zerbrechen“. In der Fachdiskussion werden häufig die Begriffe „Stressresistenz“, „psychische Robustheit“ oder „psychische Elastizität“ synonym für Resilienz verwendet.

Resilienz meint eine psychische Widerstandsfähigkeit von Kindern gegenüber biologischen, psychologischen und psychosozialen Entwicklungsrisiken.

An die Bedeutung von Resilienz sind damit zwei wesentliche Bedingungen geknüpft:
(1) eine signifikante Bedrohung für die kindliche Entwicklung und
(2) eine erfolgreiche Bewältigung dieser belastenden Lebensumstände (Glantz & Sloboda, 1999; Luthar & Cicchetti, 2000; Luthar & Cushing, 1999; Masten & Coatsworth, 1998; Masten, 1999, 2001 a; Richman & Fraser, 2001).

Ein bestimmtes positives Entwicklungsbild bei einem Kind, z. B. ein hohes Maß an Selbstvertrauen, Sozialkompetenz und Lernbereitschaft, kann nicht per se als Ausdruck von Resilienz gewertet werden. Dies ist erst dann der Fall, wenn besondere Widerstände bzw. Schwierigkeiten zu überwinden waren und das Kind eine besondere Bewältigungsleistung erbracht hat (Göppel, 2000; Glantz & Sloboda, 1999). Als resilient können somit nur die Kinder angesehen werden, die sich trotz massiver Beeinträchtigung erstaunlich positiv entwickeln, im Vergleich zu denjenigen Kindern, die unter gleichen Bedingungen – d. h. gleich hoher Risikobelastung – psychische Beeinträchtigungen aufweisen. Einem (psychisch) widerstandsfähigen Kind gelingt es, Entwicklungsrisiken weitestgehend zu vermindern oder zu kompensieren, negative Einflüsse auszugleichen und sich gleichzeitig gesundheitsförderliche Kompetenzen anzueignen (Laucht, Schmidt & Esser, 2000). Masten et al. (1990, zitiert nach Opp, Fingerle & Freytag, 1999) definieren deshalb Resi-

1 Im Rahmen der folgenden Ausführungen wird nur auf den Aspekt der „individuellen Resilienz“ eingegangen (vgl. zu „familialer Resilienz“ oder „Paar-Resilienz“ z. B. Conger, Rueter & Elder, 1999; McCubbin et al., 1999; Patterson, 2002; Walsh, 1998).

lienz als den „Prozeß, die Fähigkeit oder das Ergebnis erfolgreicher Adaptation angesichts herausfordernder oder bedrohender Umstände im Sinne ... [psychischen] Wohlbefindens und/oder effektiver Austauschbeziehungen mit der Umwelt“ (S. 16). Individuen, die Traumata wie Kriege und Naturkatastrophen bewältigt haben, zeigen wohl am deutlichsten diese menschliche Fähigkeit zur Resilienz (Masten, 2001 b).

Folgende Erscheinungsformen werden in der Resilienzforschung genauer betrachtet:

- die positive, gesunde Entwicklung trotz *andauerndem, hohem Risiko-Status*, z. B. chronische Armut/niedriger sozioökonomischer Status, elterliche Psychopathologie, sehr junge Elternschaft (auch sog. Multiproblem-Milieus),
- die beständige Kompetenz unter *akuten Stressbedingungen*, z. B. elterliche Trennung/Scheidung, Wiederheirat eines Elternteils, Verlust eines Geschwisters (= sogenannte nicht-normative kritische Lebensereignisse[2]),
- die positive bzw. schnelle Erholung von *traumatischen Erlebnissen*[3] wie Tod eines Elternteils, sexueller Missbrauch oder Kriegserlebnisse (Bender & Lösel, 1998; Fraser & Richman, 2001; Masten, Best & Garmezy, 1990; Werner, 2000).

Damit können zwei grundlegende Phänomene des Resilienzkonzepts unterschieden werden:

- der Erhalt der kindlichen Funktionsfähigkeit und
- die Wiederherstellung der normalen kindlichen Funktionsfähigkeit (bei traumatischen Erlebnissen).

2 Filipp (1990) unterscheidet bei kritischen Lebensereignissen zwischen normativen und nicht-normativen. Normative Ereignisse sind erwartbar, d. h. in gewisser Weise vorhersehbar, wie der Eintritt in den Kindergarten oder in die Schule. Nicht-normative Lebensereignisse sind dagegen erwartungswidrig bzw. irregulär, wie z. B. Erkrankung oder Arbeitslosigkeit.

3 Traumatische Erlebnisse sind Erfahrungen extremsten Stresses. In den meisten Fällen wird das eigene oder das Leben anderer bedroht (Butollo & Gavranidou, 1999). Laut DSM-IV (Diagnostisches und Statistisches Manual Psychischer Störungen, 1996) wird ein traumatisches Ereignis wie folgt definiert: „Das traumatische Ereignis beinhaltet das direkte persönliche Erleben einer Situation, die mit dem Tod oder der Androhung des Todes, einer schweren Verletzung oder einer anderen Bedrohung der körperlichen Unversehrtheit zu tun hat, oder die Beobachtung eines Ereignisses, das mit dem Tod, der Verletzung oder der Bedrohung der körperlichen Unversehrtheit einer anderen Person zu tun hat oder das Miterleben eines unerwarteten oder gewaltsamen Todes, schweren Leids, oder Androhung des Todes oder einer Verletzung eines Familienmitgliedes oder einer nahestehenden Person“ (S. 487).

Bender und Lösel (1998) vergleichen die genannten Erscheinungsformen von Resilienz mit biologischen Schutzmechanismen des Organismus:

- der Protektion (z. B. in der Immunabwehr),
- der Reparatur (z. B. in der Wundheilung) und
- der Regeneration (z. B. im Schlaf).

Resilienz bezieht sich insofern nicht nur auf die reine *Abwesenheit psychischer Störungen* (wie z. B. antisoziales/aggressives Verhalten, Delinquenz, Ängste, Depressionen, Drogenkonsum, Sucht oder psychosomatische Störungen), sondern schließt den *Erwerb bzw. Erhalt altersangemessener Fähigkeiten und Kompetenzen* der normalen kindlichen Entwicklung mit ein (Luthar, Cicchetti & Becker, 2000; Luthar & Cicchetti, 2000; Masten, 2001 a; Masten & Coatsworth, 1998; Rutter, 2000; Wyman et al., 2000). Ähnlich verhält es sich bei der Gesundheitsdefinition der Weltgesundheitsorganisation (WHO): Danach wird Gesundheit verstanden als ein „Zustand vollkommen[en] körperlichen, seelischen und sozialen Wohlbefindens und nicht bloß [als] die Abwesenheit von Krankheit oder Gebrechen" (Präambel der WHO-Charta, zitiert nach Antonovsky, 1979, S. 71).

Mit dem Erwerb und Erhalt altersangemessener Fähigkeiten und Kompetenzen ist die *erfolgreiche Bewältigung von altersspezifischen Entwicklungsaufgaben* gemeint (➛ Tab. 1). Die Bewältigung einer Entwicklungsaufgabe stellt eine entscheidende Basis dafür dar, wie nachfolgende, spätere Aufgaben gemeistert werden. Im Verlauf dieses Prozesses erwirbt das Kind Fähigkeiten und Kompetenzen, die es für eine positive Entwicklung benötigt. Eine erfolgreiche Bewältigung impliziert eine Weiterentwicklung bzw. persönliches Wachstum und beeinflusst damit die Kontinuität von Anpassung bzw. Fehlanpassung im Entwicklungsverlauf. Das heißt: Wird eine solche altersspezifische Entwicklungsaufgabe erfolgreich bewältigt, stabilisiert sich die Persönlichkeit des Kindes und es lernt, Veränderungen und Stresssituationen als Herausforderung zu begreifen. Ist dies nicht der Fall, ist mit einer Stagnation, mit Entwicklungsdefiziten oder gar psychischen Fehlentwicklungen und somatischen Erkrankungen zu rechnen (Butollo & Gavranidou, 1999). Vor dem Hintergrund der Entwicklungsaufgaben lassen sich also entwicklungspsychologische Kriterien aufstellen, nach denen für jede Altersstufe Anpassungen bzw. Fehlanpassungen beurteilt werden können.

Altersstufe	Entwicklungsaufgaben
Frühe Kindheit	■ Bindung an Bezugsperson(en) ■ Sprachentwicklung ■ Selbstkontrolle/Selbststeuerung (vor allem motorisch) ■ Entwicklung von Autonomie
Mittlere Kindheit	■ Geschlechtsrollenidentifikation ■ Entwicklung von Impulskontrolle ■ Beziehung zu Gleichaltrigen (soziale Kompetenz) ■ Anpassung an schulische Anforderungen (Lesen, Schreiben etc.)
Jugendalter	■ Identitätsentwicklung ■ Gemeinschaft mit Gleichaltrigen/Aufbau enger Freundschaften ■ Internalisiertes moralisches Bewusstsein ■ Schulische Leistungsfähigkeit

Tab. 1 Beispiele von Entwicklungsaufgaben im Kindes- und Jugendalter (Havighurst, 1982; Waters & Sroufe, 1983; vgl. Oerter, 1995)

Bei der Entwicklung von Kompetenzen kann von einer kumulativen oder interaktionalen Kontinuität ausgegangen werden: „Die kumulative Kontinuität umschreibt einen Prozess, nach dem das (erlernte) Verhalten dazu führt, dass das Kind sich weiterhin in ‚Lebensumwelten' bewegt, die das Verhalten verfestigen. Interaktionale Kontinuität umschreibt einen Prozess, nach dem das Verhalten eines Kindes Reaktionen von Personen aus dem Umfeld (z. B. den Eltern) erzeugt, die das Verhalten aufrechterhalten/verfestigen" (Scheithauer, Petermann & Niebank, 2002, S. 78). Beide Prozesse sowie eine gewisse Stabilität wichtiger Bedingungen im Umfeld des Kindes tragen zum Erhalt bzw. zur Erweiterung des kindlichen Kompetenzniveaus über die Zeit bei.

Aus entwicklungspsychologischer Perspektive charakterisieren Waters und Sroufe (1983) Resilienz als die „Fähigkeit, internale und externale Ressourcen erfolgreich zu nutzen, um (...) Entwicklungsanliegen zu bewältigen" (zitiert nach Röper, von Hagen & Noam, 2001, S. 17). Diese Definition schließt jedoch eine signifikante Bedrohung der kindlichen Entwicklung (im Sinne der oben genannten Erscheinungsformen hoher Risiko-Status, akute Stresssituation, traumatisches Erlebnis) nicht explizit mit ein, was aber – wie bereits aufgezeigt wurde – heute als elementares Definitionskriterium von Resilienz überhaupt gilt.

Das Phänomen der Resilienz wird allgemein als das positive Gegenstück zu *Vulnerabilität* betrachtet (Basic Behavioral Task Force, 1996).[4] Vulnerabilität kennzeichnet die Verwundbarkeit, Verletzbarkeit oder Empfindlichkeit einer Person gegenüber äußeren (ungünstigen) Einflussfaktoren – also eine erhöhte Bereitschaft, psychische Erkrankungen zu entwickeln (Fingerle, 2000). Nach Scheithauer und Petermann (1999) umschreibt die Vulnerabilität, wie stark die Entwicklung eines Kindes ungünstig beeinflusst werden kann. Ein Kind, das besonders anfällig für widrige Lebensumstände ist, besitzt demnach eine hohe Vulnerabilität.

Zusammenfassung:

Unter Resilienz wird die psychische Widerstandsfähigkeit von Kindern gegenüber biologischen, psychologischen und psychosozialen Entwicklungsrisiken verstanden. Das Phänomen der Resilienz bezieht sich auf die Abwehr von maladaptiven Reaktionen angesichts belastender Lebensumstände (Zimmerman & Arunkumar, 1994). Das Gegenstück dazu ist Vulnerabilität: Vulnerabilität bezieht sich auf die Prädisposition eines Kindes, unter Einfluss von Risikobelastungen verschiedene Formen von Erlebens- und Verhaltensstörungen zu entwickeln. Resilienz zielt insofern auf psychische Gesundheit trotz erhöhter Entwicklungsrisiken ab, d. h. auf *Bewältigungskompetenz*.

Generelles Ziel der Resilienzforschung ist es, ein besseres Verständnis darüber zu erlangen, welche Faktoren und Bedingungen psychische Gesundheit und Stabilität bei Kindern, die besonderen Entwicklungsrisiken ausgesetzt sind, erhalten und fördern (Fingerle, Freytag & Julius, 1999).

4 Im Vergleich zum Konzept der Vulnerabilität, das bereits 1845 in einem psychiatrischen Lehrbuch erwähnt wurde (Fingerle, 2000), ist das Resilienzkonzept eine sehr junge Forschungsrichtung, die ihren Anfang erst zu Beginn der 1970er Jahre nahm (→ Kap. 3).

3

Entwicklung und Charakteristika des Resilienzkonzepts

Das wachsende Interesse an der positiven, gesunden Entwicklung trotz belastender Lebensumstände kann in Zusammenhang mit einem Paradigmen- bzw. Perspektivenwechsel in den Human- und Sozialwissenschaften gesehen werden, der sich von einem krankheitsorientierten, pathogenetischen Modell (Pathos, griech.: Leiden, Krankheit; Genese, griech.: Entstehung) zu einem ressourcenorientierten, salutogenetischen Modell (Salus, lat.: Wohlbefinden, Gesundheit, Heil) vollzogen hat (Laucht, Schmidt & Esser, 2000). Das Konzept der Resilienz weist damit einen starken Bezug zum Konzept der *Salutogenese* auf, das der Medizinsoziologe Antonovsky (1979) in den 1970er Jahren geprägt hat. Sein Ausgangspunkt war: Anstatt nur danach zu fragen, was eine Person krank macht oder was die Krankheit ausgelöst hat, sollte man sich vielmehr darauf konzentrieren, was den Menschen gesund erhält und wie es manchen Menschen gelingt, trotz vielfältiger gesundheitsgefährdender Einflüsse nicht krank zu werden (Antonovsky, 1997). Die Suche nach spezifischen Krankheitsursachen muss nach Antonovsky mit der Suche nach gesundheitserhaltenden und -fördernden Faktoren ergänzt werden. Wesentlich war für Antonovsky eine mehr ganzheitliche, nicht ausschließlich symptomorientierte Betrachtungsweise; die salutogenetische Blickrichtung stellte für ihn insofern eine wichtige Erweiterung dar. Im Vordergrund stand die Leitfrage: „Wie wird ein Mensch mehr gesund und weniger krank?“ (Bengel, Strittmatter & Willmann, 2001, S. 24). Diesen Perspektivenwechsel hat Antonovsky versucht, mit folgender Metapher zu veranschaulichen: Menschen schwimmen in einem Fluss voller Gefahren, Strudel und Stromschnellen. In der pathogenetisch orientierten Medizin versucht der Arzt, den Ertrinkenden aus dem Strom zu reißen. In der Salutogenese geht es dagegen vielmehr darum, den Menschen zu einem guten Schwimmer auszubilden, damit er ohne ärztliche Hilfe Strudel und Stromschnellen meistert (vgl. Bengel, Strittmatter & Willmann, 2001, S. 141). Mit dieser salutogenetischen Sichtweise rückten im weiteren Verlauf Krankheitsverhinderung und Gesundheitsförderung immer stärker in den Blickpunkt gesundheitspolitischer und -wissenschaftlicher Diskussionen. In der Praxis ging damit eine Betonung der Prävention einher: nämlich die Stärkung von Gesundheitsressourcen und Bewältigungskapazitäten.

Während die Risikoforschung untersucht, welche Risiken in welchem Ausmaß und auf welche Art und Weise mit welchen Entwicklungsbeeinträchtigungen verknüpft sind, kehrt die Resilienzforschung diese traditionelle pathozentristische Sichtweise um und fragt in salutogenetischer Perspektive danach, welche Eigenschaften und Fähigkeiten jene Kinder und Jugendlichen auszeichnen, die sich trotz vorliegender Risikokonstellationen erstaunlich positiv und gesund entwickeln (vgl. Göppel, 2000, S. 80). Durch zahlreiche Untersuchungen zu Risikoeinflüssen kindlicher Entwicklung – z. B. elterliche

Scheidung, chronische familiäre Disharmonie oder elterliche Psychopathologie – hatte man (zu Beginn der 1970er Jahre) zunehmend erkannt, dass große Unterschiede existieren, wie Kinder auf Risikobedingungen reagieren: Auf der einen Seite gibt es Kinder, die Verhaltensstörungen entwickeln, auf der anderen Seite Kinder, die relativ unbeschadet „davonkommen“ oder die an diesen schweren Lebensbedingungen sogar erstarken und wachsen (= interindividuelle Variabilität; vgl. hierzu z. B. Anthony, 1974; Garmezy, 1971, 1974; Rutter, 1979; Werner, Bierman & French, 1971; Werner & Smith, 1977).[5] Die Befunde legten damit nahe, dass widrige Lebensumstände und extreme Risikosituationen nicht zwangsläufig die kindliche Entwicklung beeinträchtigen, sondern einige Kinder vielmehr erstaunliche Fähigkeiten besitzen bzw. entwickeln, solchen negativen Einflüssen „entgegenzutreten“. So kam Garmezy (1971) z. B. in seiner Untersuchung von Kindern mit einem psychisch kranken Elternteil (Schizophrenie) zu dem Ergebnis, dass die elterliche Erkrankung zwar durchaus ein Risiko für die kindliche Entwicklung darstellt, aber dennoch (entgegen aller Erwartung) über 90 % der Kinder keine psychische Störung (Schizophrenie) aufwiesen. Ergebnisse aus verschiedenen Längsschnittstudien zeigen, dass sich 50–70 % der untersuchten Risikokinder generell zu relativ gesunden, kompetenten und leistungsfähigen Erwachsenen entwickeln (Davis, 1999).

Lange Zeit wurde dieses Phänomen der psychischen Widerstandskraft in der Erforschung kindlicher Entwicklungsverläufe nahezu ausgeblendet: Einerseits interessierte man sich mehr für die Ursachen bzw. Entstehungsbedingungen von Entwicklungsstörungen sowie für die einzelnen Risikobedingungen. Rutter (1992, zitiert nach Kühl, 2003) merkt hierzu beispielsweise an: „Es besteht eine bedauernswerte Tendenz, sich hoffnungslos auf die Probleme der Menschheit zu konzentrieren, sowie auf alles das, was falsch laufen kann (...)“ (S. 53). Andererseits schien es in gewisser Weise unerklärbar, und viele Forscher zeigten auch Scheu, den Fokus auf die „positiven“ Reaktionen zu richten (Masten, 1999; Rutter, 2000). Man bezeichnete diese Kinder zunächst als „unverwundbar, unbesiegbar oder unverwüstlich“ (vgl. z. B. Anthony, 1974; Anthony & Cohler, 1987; Werner & Smith, 1982), ohne aber genau zu wissen, wodurch und wie sie es geschafft hatten, sich an die belastenden Lebenssituationen effektiv anzupassen. Es wurde angenommen, dass sie so stark sind, dass sie unter keinen Umständen psychische Beeinträchtigungen entwickeln. Ihnen wurden damit beinahe mystische, übermenschliche Qualitäten zugeschrieben, was sich in der Literatur in Titeln wie die „Wunderkin-

5 Lange Zeit waren die Studien eher klinisch orientiert und suchten anamnestisch-retrospektiv nach den Ursachen vorliegender Störungen. Erst durch Längsschnittsstudien – vor allem prospektive – wurde die Forschung verstärkt auf diese unterschiedlichen Entwicklungsverläufe von Risikokindern aufmerksam (Göppel, 2000).

der“ oder „Superkids“ (vgl. z. B. Kauffman et al., 1979; Tress, 1986) widerspiegelte (Laucht, 1999; Laucht, Schmidt & Esser, 2000; Masten, 2001 a).

Anfang der 1980er Jahre gewann dieses Konzept der sogenannten „unverwundbaren Kinder“ zunehmend an Popularität (Rutter, 2000). Die Erkenntnis, dass manche Kinder schwierige Lebensumstände derart gut meistern, führte dann doch zu einem verstärkten Forschungsinteresse, die individuell verschiedenen Entwicklungsverläufe der Kinder *detailliert* zu ergründen und insbesondere deren personale Qualitäten und sozialen Ressourcen zu untersuchen, die ihnen zu dieser positiven Entwicklung verhelfen (vgl. hierzu beispielsweise die Kauai-Längsschnittstudie von Werner & Smith, 1982, 1992, 2001 ➛ Kap. 7.1.1). Die Beachtung von solchen „schützenden“ Bedingungen hatte eine erhebliche Erweiterung der traditionellen Risikoforschung zur Folge (Rutter, 1985).

Im Zuge neuerer Forschungsbefunde wurde schon bald die Annahme der „absoluten Unverwundbarkeit“ widerlegt (Rutter, 1985, 1990, 2000). Das Phänomen der Resilienz wird heute vielmehr wie folgt charakterisiert:

3.1 Resilienz ist ein dynamischer Anpassungs- und Entwicklungsprozess

Resilienz bezeichnet kein angeborenes Persönlichkeitsmerkmal eines Kindes, sondern umfasst eine Kapazität, die im Verlauf der Entwicklung im Kontext der Kind-Umwelt-Interaktion *erworben* wird (Egeland, Carlson & Sroufe, 1993; Kumpfer, 1999; Luthar, Cicchetti & Becker, 2000; Masten, 1999; Rutter, 2000, 2001; Waller, 2001; Wyman et al., 2000). Damit bezieht sich Resilienz auf einen dynamischen, transaktionalen[6] Prozess zwischen Kind und Umwelt. Bedeutsam ist insbesondere die bidirektionale Betrachtungsweise, d. h. die Beteiligung sowohl der Person als auch der Umwelt an der Entwicklung resilienten Verhaltens. Frühere Umweltbedingungen wirken z. B. insofern auf den Prozess ein, als dass positive und stabilisierende frühere Erfahrungen die Ausbildung von Bewältigungsfähigkeiten wesentlich begünstigen: Ein Kind, das sich einer Belastung gewachsen zeigt, geht aus dieser Erfahrung

6 „Unter einer Transaktion versteht man, dass sich alle an einer Interaktion beteiligten Faktoren gegenseitig beeinflussen und dadurch in qualitativ andere Faktoren transformiert werden“ (Petermann & Petermann, 2002, S. 46).

gestärkt hervor und schafft damit günstige Voraussetzungen, künftige Anforderungen erfolgreich zu bestehen (Laucht et al., 2000). Darüber hinaus wirkt auch das Kind regulierend auf seine Lebensumwelt ein, indem es sie aktiv mitgestaltet und konstruiert. Die Kauai-Längsschnittstudie von Werner und Smith (1982, 1992, 2001 ➛ Kap. 7.1.1) belegt z. B., dass die resilienten Kinder und Jugendlichen aufgrund ihrer individuellen Disposition in der Lage waren, sich selbst eine Umwelt auszuwählen oder zu schaffen, die sie schützt und die ihre Fähigkeiten und Kompetenzen aufrechterhält bzw. weiter verstärkt: Viele von ihnen suchten sich selbst eine Umgebung aus (eine andere Schule oder Nachbarschaft), die ihren Lebensvorstellungen und Fähigkeiten besser entsprach (z. B. hinsichtlich des Anschlusses an bestimmte Peergruppen, der beruflichen Ausbildung oder Partnerwahl), und verließen das negative Milieu ihrer Familie und ihres Wohnumfeldes nach der Schulzeit.[7]

Grundlegend ist damit nach heutiger Ansicht die *aktive Rolle des Individuums* im Resilienzprozess, d. h. auf welche Art und Weise das Individuum mit Stress- und Risikosituationen umgeht. Stress wird hierbei nicht als objektive Belastung betrachtet. Von Bedeutung ist vielmehr, wie das Individuum *selbst* die Stresssituation wahrnimmt, subjektiv bewertet und sich mit ihr auseinandersetzt („Coping" ➛ Kap. 6). Rutter (1985, zitiert nach Opp et al., 1999) merkt hierzu an: „Schützende Wirkungen liegen nicht primär im abpuffernden Effekt eines schützenden Faktors, der zu einem bestimmten Zeitpunkt oder über einen Zeitraum wirksam wird. Vielmehr liegt die Qualität von Resilienz darin, wie Menschen mit Lebensveränderungen umgehen und was sie hinsichtlich ihrer Lebenssituation tun" (S. 16).

Einige Autoren äußern zudem ethische Einwände gegen die frühere Konzeption von Resilienz als einem angeborenen Persönlichkeitsmerkmal: Denn wenn ein Kind einfach nicht über diese entscheidende Eigenschaft verfügt, um sich gesund und positiv zu entwickeln, könnte dies zu einer Etikettierung führen und eine Förderung bzw. Stärkung von Resilienz hinfällig machen. In diesem Fall würde man davon ausgehen, dass jede Ursache im Kind selbst liegt (Masten et al., 1990; Rutter, 1993 a, 1993 b). Weiß (1999) gibt hier beispielsweise zu Bedenken: „(...) *Vulnerabilität* und *Resilienz* [dürfen] nicht in einem Rückfall in ein überwunden geglaubtes ‚individualtheoretisches Paradigma' als primär personspezifische Eigenschaften gesehen werden (wie es in einem verkürzt popularisierten Verständnis aufscheint: ‚die Kinder mit der dicken Haut'). Gerade angesichts individualistischer Selbstzuschreibungen des Menschen als ‚souveränem Individuum', das sich schlechthin gegen wid-

7 Dieser Aspekt der aktiven Selektion von Umwelt gewinnt mit steigendem Alter an Bedeutung (Scarr & McCartney, 1983).

rige Umstände zu behaupten vermag, besteht Anlaß, auf diese Gefahr hinzuweisen. Daraus könnten nämlich besonders für Kinder in gravierend benachteiligten Lebenslagen neue, sie belastende Schuldzuschreibungen bei einem möglichen Scheitern entstehen" (S. 138).

Einige Forscher weisen im Rahmen dieser Argumentation auch darauf hin, dass der Gebrauch des Adjektivs „resilient", im Sinne der Bezeichnung „resilientes Kind" (ähnlich bei der Verwendung „intelligentes Kind"), auf den ersten Blick als ein rein anlagebedingtes Attribut des Individuums missverstanden werden kann (Luthar et al., 2000). Luthar (2000, zitiert nach Luthar & Cicchetti, 2000) schlägt aus diesem Grund vor, dass Wissenschaftler und Praktiker solche Begriffe, die sich nur auf das Individuum allein beziehen oder die Stabilität vortäuschen, vermeiden und stattdessen auf die „resiliente Anpassung" eingehen oder aber andere Beschreibungen wie „scheinbar/offenbar resilient", „emotional gesund" oder „verhaltenskompetent" benutzen sollten.[8]

3.2 Resilienz ist eine variable Größe

Resilienz bedeutet nach heutigem Forschungsstand keine stabile Immunität und absolute Unverwundbarkeit gegenüber negativen Lebensereignissen und psychischen Störungen, sondern ist ein Konstrukt, das über die Zeit und Situationen hinweg variieren kann (Rutter, 2000; Waller, 2001). Die Fähigkeit, schwierige Ereignisse und Risikobedingungen erfolgreich zu bewältigen, kann sich in der Entwicklung des Kindes sehr verändern (Scheithauer, Niebank & Petermann, 2000). So können sich neue Vulnerabilitäten und Ressourcen im Laufe der kindlichen Entwicklung und während akuter Stressepisoden herausbilden (Masten & Coatsworth, 1998). Kinder können insofern zu einem bestimmten Zeitpunkt ihres Lebens resilient sein, zu einem späteren Zeitpunkt, unter anderen Risikoeinflüssen, wesentlich verletzlicher erscheinen.

Im kindlichen Entwicklungsverlauf gibt es *Phasen erhöhter Vulnerabilität*, sog. „kritische Perioden", z. B. zu Zeiten sozialer Entwicklungsübergänge (Transitionen), in denen Kinder besonders anfällig sind (Scheithauer & Pe-

8 Im Rahmen dieser Ausführungen wird das Adjektiv „resilient" aus Gründen der Übersichtlichkeit und Einfachheit dennoch verwendet; es soll jedoch explizit hervorgehoben werden, dass der Gebrauch keine angeborene, stabile Persönlichkeitseigenschaft umfasst.

termann, 1999). Denn Transitionen sind mit zahlreichen neuen Entwicklungsaufgaben verbunden und stellen somit erhöhte Anforderungen an die Anpassungsfähigkeit von Kindern, beispielsweise beim Übergang vom Kindergarten in die Schule (vgl. z. B. Griebel & Niesel, 2003; Niesel & Griebel, 2004). Während dieser Phasen können Risikobedingungen eine stärkere Wirkung auf das psychosoziale Funktionsniveau des Kindes ausüben.

Resilienz bezieht sich insofern auf eine flexible, den jeweiligen Situationsanforderungen angemessene, d. h. „elastische“ Widerstandsfähigkeit (Bender & Lösel, 1998), und bezeichnet keine lebenslange Fähigkeit nach dem Motto „einmal erworben und damit immer präsent“ (Zimmerman & Arunkumar, 1994). So kamen Farber und Egeland (1987) z. B. in ihrer Längsschnittstudie mit benachteiligten und misshandelten Kindern (Zeitraum der Studie vom 12. Monat bis zum Vorschulalter der Kinder) zu dem Ergebnis, dass sich die Gruppe der zunächst resilienten Kinder mit zunehmendem Alter der Kinder verkleinerte: Im Verlauf der Untersuchung konnten mehr als 50 % der Säuglinge, 40 % der Kleinkinder aber nur noch 20 % der Vorschulkinder als resilient eingeschätzt werden (definiert als die erfolgreiche Bewältigung altersspezifischer Entwicklungsaufgaben). Die Befunde weisen damit auf den engen Zusammenhang zwischen Entwicklungen in der frühen Kindheit und Entwicklungen im weiteren Kindes- und Jugendalter hin: Kinder, die unter extrem chaotischen oder kontinuierlich negativen Bedingungen aufwachsen, scheinen keine altersangemessenen Kompetenzen entwickeln zu können, so dass mit zunehmendem Alter das Risiko für eine fehlangepasste Entwicklung steigt (➛ Kap. 2). Die Autoren konnten darüber hinaus kein einziges misshandeltes Kind identifizieren, das über alle Entwicklungszeitpunkte hinweg resilientes Verhalten zeigte.

Andere Studien belegen, dass negative Lebensereignisse und -umstände durchaus auch kurzfristige und vorübergehende psychische Beeinträchtigungen, Symptome, Entwicklungsretardierungen oder emotionale Probleme bei resilienten Kindern hervorrufen können (Rutter, 1985).[9] Diese Befunde liefern einen entscheidenden Hinweis darauf, dass auch solche Kinder, die zunächst als resilient eingeschätzt werden, im Sinne präventiver Maßnahmen unterstützt werden müssen – denn ansonsten kann die Gefahr bestehen, dass sie im Verlauf ihres Lebens vulnerabel werden (Petermann, Kusch & Niebank, 1998).

9 Manche Forscher nehmen diese Erkenntnisse als Anlass, um die generelle Plausibilität bzw. Validität (Gültigkeit) des Resilienzkonzepts in Frage zu stellen (vgl. z. B. den Beitrag von Tarter & Vanyukov, 1999).

3.3 Resilienz ist situationsspezifisch und multidimensional

Resilienz in einem spezifischen Lebensbereich kann nicht automatisch auf alle anderen Lebens- oder Kompetenzbereiche übertragen werden (Luthar & Zigler, 1991; Luthar et al., 2000). So können Kinder, die chronischen elterlichen Konflikten ausgesetzt sind, z. B. hinsichtlich ihrer schulischen Leistungsfähigkeit resilient, hinsichtlich sozialer Kontakte und Beziehungen dagegen nicht resilient sein. Kaufman et al. (1994) berichten in ihrer Studie mit misshandelten Kindern, dass zwei Drittel der untersuchten Kinder im Bereich der schulischen Kompetenz resilientes Verhalten zeigten, in Bezug auf soziale Kompetenz aber nur 21 % der Kinder als resilient eingestuft werden konnten. Aus diesem Grund wird heute nicht mehr von einer universellen/allgemeingültigen, sondern von einer situations- und lebensbereichsspezifischen Resilienz ausgegangen (Luthar, 1993; Scheithauer et al., 2000). Einige Autoren gehen deshalb auch schon dazu über, speziellere Begriffe wie „emotional resilience", „academic/educational resilience", „social resilience", „cultural resilience" oder „behavioral resilience" zu verwenden, um die Terminologie zu präzisieren und Missverständnisse bzw. Fehlinterpretationen zu vermeiden (Luthar et al., 2000).

Vor diesem Hintergrund wird bereits ein grundsätzliches Problem des Resilienzkonzepts augenscheinlich: nämlich die enorme Komplexität des Forschungsgegenstandes und damit einhergehend bislang sehr unterschiedliche methodische Zugänge (➛ Kap. 4.5).

Zusammenfassung:

Resilienz umfasst nach heutigen Erkenntnissen ein hochkomplexes Zusammenspiel aus Merkmalen des Kindes und seiner Lebensumwelt. Die Wurzeln für die Entwicklung von Resilienz liegen in besonderen risikomildernden Faktoren innerhalb oder außerhalb des Kindes. Aufgrund dieser konstitutionellen, erlernten oder anderweitig verfügbaren Ressourcen unterscheiden sich die Menschen in ihrer Fähigkeit zur Belastungsregulation (Bender & Lösel, 1998). Die Annahme der „relationalen Resilienz" hat das frühere Konzept der „absoluten Unverwundbarkeit" ersetzt (Rutter, 2000; Zimmerman & Arunkumar, 1994). Resilienz wird heute als ein multidimensionales, kontextabhängiges und prozessorientiertes Phänomen betrachtet, das auf einer Vielzahl interagierender Faktoren beruht und somit nur im Sinne eines multikausalen Entwicklungsmodells zu begreifen ist (Walsh, 1998). Ein solcher Prozessgedanke ist heute für das Verständnis von Resilienz unerlässlich. Damit alle an diesem Prozess beteiligten „biopsychosozialen" Faktoren und System-Ebenen auch adäquat berücksichtigt werden, wird in der weiteren Erforschung von Resilienz ein interdisziplinärer Ansatz betont (Scheithauer et al., 2000).

4

Das Risiko- und das Schutzfaktorenkonzept als zentrale Konzepte der Resilienzforschung

Das Risiko- und das Schutzfaktorenkonzept können als zwei zentrale Konzepte angesehen werden, die mit der Resilienzforschung stark verbunden sind. Sie werden deshalb in den folgenden Ausführungen in ihren Inhalten und Grundannahmen eingehender vorgestellt. Dabei wird auch berücksichtigt, wie die unterschiedlichen Bedingungen zusammen wirken.

4.1 Das Risikofaktorenkonzept

Als Risikofaktor wird ein Merkmal bezeichnet, „(...) das bei einer Gruppe von Individuen, auf die dieses Merkmal zutrifft, die Wahrscheinlichkeit des Auftretens einer Störung im Vergleich zu einer unbelasteten Kontrollgruppe erhöht“ (Garmezy, 1983, zitiert nach Laucht, 1999, S. 303). Gemeint sind also „Bedingungen oder Variablen, die die Wahrscheinlichkeit positiver oder sozial erwünschter Verhaltensweisen senken oder mit einer höheren Wahrscheinlichkeit negativer Konsequenzen einhergehen“ (Jessor, Turbin & Costa, 1999, S. 43). Die Wahrscheinlichkeit einer Störung ist bei Vorliegen eines solchen Faktors für ein nachteiliges Entwicklungsergebnis erhöht, jedoch nicht determiniert (Wolke, 2001). Betont wird hierbei der probabilistische (auf Wahrscheinlichkeit beruhende) Charakter von risikoerhöhenden Bedingungen: So ziehen „[s]elbst die im Sinne ihrer Vorhersagbarkeit ‚besten‘ Risikofaktoren (...) nicht *notwendigerweise* negative Entwicklungsresultate nach sich“ (Fingerle, 1999, S. 95). Damit wird deutlich: Das Risikofaktorenkonzept versteht sich als ein Wahrscheinlichkeitskonzept, nicht als ein Kausalitätskonzept. Risikobedingungen sind nicht immer unmittelbar mit psychischen Störungen oder Entwicklungsrisiken verknüpft, vielmehr muss in zahlreichen Fällen eine Vulnerabilität des Kindes vorausgesetzt sein (Scheithauer et al., 2000).

Die epidemiologische Risikoforschung zielt insbesondere darauf ab, Lebensbedingungen zu ermitteln, die die kindliche Entwicklung beeinträchtigen können (risikoerhöhende Bedingungen), sowie Gruppen von Kindern zu identifizieren, deren Entwicklung gefährdet ist (sog. Risikokinder; Laucht et al., 2000). In der Entwicklungspsychopathologie werden dabei heute zwei große Gruppen von Entwicklungsgefährdungen unterschieden: zum einen Bedingungen, die sich auf biologische oder psychologische Merkmale des Kindes beziehen – sie werden als *Vulnerabilitätsfaktoren* bezeichnet – und zum anderen Bedingungen, die psychosoziale Merkmale der Umwelt des Kindes betreffen – sie werden *Risikofaktoren* bzw. *Stressoren* genannt (Laucht,

1999; Laucht et al., 2000; Niebank & Petermann, 2000). Im Falle der Vulnerabilitätsfaktoren kann von Defiziten, Defekten oder Schwächen des Kindes gesprochen werden (➛ Tab. 2). Scheithauer et al. (2000) unterscheiden hierbei *primäre* Vulnerabilitätsfaktoren (die das Kind von Geburt an aufweist, z. B. genetische Dispositionen, Frühgeburt, Geburtskomplikationen) und *sekundäre* Vulnerabilitätsfaktoren (die das Kind in der Auseinandersetzung mit seiner Umwelt „erwirbt", z. B. ein negatives Bindungsverhalten). Risikofaktoren sind hingegen entweder in der Familie oder im weiteren sozialen Umfeld des Kindes lokalisiert (z. B. Modell- und Interaktionsverhalten der Eltern, spezifische Lebensereignisse oder interpersonelle Konflikte ➛ Tab. 3).

Einige Risikobedingungen wirken sich nur zu bestimmten Zeitpunkten aus – sie werden *diskrete* Faktoren genannt (z. B. kritische Lebensereignisse) –, andere beeinflussen dagegen den gesamten Entwicklungsverlauf – sie werden als *kontinuierliche* Faktoren bezeichnet (z. B. sozioökonomischer Status der Familie; Scheithauer et al., 2000). Darüber hinaus wird zwischen *proximalen* und *distalen* Faktoren unterschieden: Proximale Faktoren wirken sich direkt auf das Kind aus, z. B. Streitigkeiten der Eltern oder ungünstige Erziehungspraktiken; distale Faktoren wie chronische Armut, Trennung/Scheidung der Eltern oder elterliche Psychopathologie wirken dagegen indirekt über Mediatoren (z. B. über das Verhalten der Mutter oder die Eltern-Kind-Interaktion; Baldwin, Baldwin & Cole, 1990; Kaplan, 1999; Scheithauer et al., 2000).[10]

Es wird heute davon ausgegangen, dass biologische Risiken, wie z. B. Frühgeburt, niedriges Geburtsgewicht oder eine Erkrankung des Säuglings, mit steigendem Alter an Bedeutung verlieren, dafür im Gegenzug psychosoziale Risiken an Einfluss gewinnen (Remschmidt, 1988). Als besonders problematisch gelten Belastungen während der Schwangerschaft, Geburt und Säuglingszeit, denn in dieser Zeit befindet sich das Individuum in einem Stadium rasch fortschreitender Entwicklung, weshalb es besonders anfällig ist und nur über geringe Bewältigungs- und Schutzmöglichkeiten verfügt. In der Kindheit dominieren bei den psychosozialen Faktoren hauptsächlich familiäre Risiken, wie Konflikte der Eltern oder familiäre Gewalt, die aber später von Risiken aus dem schulischen Bereich, aus dem Peer-Bereich und der jugendlichen Subkultur abgelöst werden,[11] z. B. Viktimisierung durch Gleichaltrige, Mobbing oder Anschluss an deviante Peergruppen (Laucht et al., 2000).

10 Distale Faktoren stellen eher „grobe Kategorien" der Risikobedingung dar; sie können nicht zur Erklärung der genauen Verknüpfungen mit psychischen Beeinträchtigungen herangezogen werden (Scheithauer, Niebank & Petermann, 2000).

11 Die schulische Umwelt und Freundschaften gewinnen mit zunehmendem Alter an Bedeutung.

Vulnerabilitätsfaktoren
■ Prä-, peri- und postnatale Faktoren (z. B. Frühgeburt, Geburtskomplikationen, niedriges Geburtsgewicht, Ernährungsdefizite, Erkrankung des Säuglings) ■ Neuropsychologische Defizite ■ Psychophysiologische Faktoren (z. B. sehr niedriges Aktivitätsniveau) ■ Genetische Faktoren (z. B. Chromosomenanomalien) ■ Chronische Erkrankungen (z. B. Asthma, Neurodermitis, Krebs, schwere Herzfehler, hirnorganische Schädigungen) ■ Schwierige Temperamentsmerkmale, frühes impulsives Verhalten, hohe Ablenkbarkeit ■ Unsichere Bindungsorganisation ■ Geringe kognitive Fertigkeiten: niedriger Intelligenzquotient, Defizite in der Wahrnehmung und sozial-kognitiven Informationsverarbeitung ■ Geringe Fähigkeiten zur Selbstregulation von Anspannung und Entspannung

Tab. 2 Exemplarische Auswahl von Vulnerabilitäten (vgl. z. B. Egle, Hoffmann & Steffens, 1997; Laucht, Schmidt & Esser 2000; Scheithauer & Petermann, 1999, 2000 a)

Risikofaktoren
■ Niedriger sozioökonomischer Status, chronische Armut ■ Aversives Wohnumfeld (Wohngegenden mit hohem Kriminalitätsanteil) ■ Chronische familiäre Disharmonie ■ Elterliche Trennung und Scheidung ■ Wiederheirat eines Elternteils, häufig wechselnde Partnerschaften der Eltern ■ Arbeitslosigkeit der Eltern ■ Alkohol-/Drogenmissbrauch der Eltern ■ Psychische Störungen oder Erkrankungen eines bzw. beider Elternteile ■ Kriminalität der Eltern ■ Obdachlosigkeit ■ Niedriges Bildungsniveau der Eltern ■ Abwesenheit eines Elternteils/alleinerziehender Elternteil ■ Erziehungsdefizite/ungünstige Erziehungspraktiken der Eltern (z. B. inkonsequentes, zurückweisendes oder inkonsistentes Erziehungsverhalten, Uneinigkeit der Eltern in Erziehungsmethoden, körperliche Strafen, zu geringes Beaufsichtigungsverhalten, Desinteresse/Gleichgültigkeit gegenüber dem Kind, mangelnde Feinfühligkeit und Responsivität)

- Sehr junge Elternschaft (vor dem 18. Lebensjahr)
- Unerwünschte Schwangerschaft
- Häufige Umzüge, häufiger Schulwechsel
- Migrationshintergrund
- Soziale Isolation der Familie
- Adoption/Pflegefamilie
- Verlust eines Geschwisters oder engen Freundes
- Geschwister mit einer Behinderung, Lern- oder Verhaltensstörung
- Mehr als vier Geschwister
- Mobbing/Ablehnung durch Gleichaltrige
- Außerfamiliäre Unterbringung

Tab. 3 Exemplarische Auswahl von Risikofaktoren kindlicher Entwicklung (vgl. z. B. Egle, Hoffmann & Steffens, 1997; Laucht, Schmidt & Esser 2000; Scheithauer & Petermann, 1999, 2000 a)

Eine besonders extreme Form von Risikoeinflüssen stellen *traumatische Erlebnisse* dar (➛ Tab. 4). Laut Butollo und Gavranidou (1999) sind traumatische Erlebnisse „(...) existentielle Erfahrungen, in denen die Endlichkeit des eigenen Lebens konkret erfahren wird. (...) Traumatische Lebenserfahrungen sprengen die Grenzen vorhersehbarer Erfahrungsspielräume und werden zuerst ohnmächtig hingenommen“ (S. 461 f). Das Ausmaß der erlebten Machtlosigkeit, des Kontrollverlustes und der Lebensgefährdung setzt die eigenen Bewältigungsmechanismen zunächst außer Kraft. „Das traumatische Ereignis wird deshalb als existentiell bedrohlich und unabwendbar erlebt (...)“ (Butollo & Gavranidou, 1999, S. 462).

Bei der Analyse von traumatischen Situationen sind folgende Faktoren von Bedeutung:

- Nähe zum Geschehen
- Größe des Überraschungsmoments
- Art der Beobachtung
- Nähe der Beziehung zu den verletzten oder getöteten Personen
- Ausmaß der selbsterlebten Schmerzen bzw. körperlichen Beschädigungen.

Traumatische Erfahrungen unterscheiden sich zudem darin, ob sie allein oder in Gruppen erlebt werden (individuelle, familiäre, nationale Traumatisierungen).

Traumatische Erlebnisse
■ Natur-, technische oder durch Menschen verursachte Katastrophen (wie Erdbeben, Vulkanausbruch, Flugzeugabsturz, Hochwasser, Schiffsunglück, Brände oder Atomreaktorunfall)
■ Kriegs- und Terrorerlebnisse, politische Gewalt, Verfolgung, Vertreibung und Flucht
■ Schwere (Verkehrs-)Unfälle
■ Gewalttaten (= direkte Gewalterfahrung, wie z. B. körperliche Misshandlung, sexueller Missbrauch, Vernachlässigung, Kindesentführung, Geiselnahme, Raubüberfall oder seelische Gewalt)
■ Beobachtete Gewalterlebnisse (= indirekte Gewalterfahrung, z. B. Beobachtung von Verletzung, Tötung, Folterung von nahen Bezugspersonen, Gewalt in den Medien)
■ Diagnose einer lebensbedrohenden Krankheit und belastende medizinische Maßnahmen
■ Tod oder schwere Erkrankung eines bzw. beider Elternteile.

Tab. 4 Traumatische Erlebnisse (vgl. DSM-IV, 1996; Fischer & Riedesser, 1999; Petermann, 2000)

In der Erforschung kindlicher Risikoeinflüsse konnte festgestellt werden, dass Risikobedingungen selten isoliert, sondern häufig zusammen auftreten und kumulieren (Laucht et al., 2000; Masten & Coatsworth, 1998; Rutter, 2000; Wyman et al., 2000). Viele Kinder werden folglich mit *multiplen Risikobelastungen* konfrontiert. Man spricht in diesem Zusammenhang auch von „Risikokonstellationen“, „koexistierenden Stressoren“ oder „kumulativer Traumatisierung“ (Luthar & Cushing, 1999; Smokowski, 1998). Risikobedingungen stehen somit nicht nur für sich selbst, sie sind auch als Indikatoren für ein Zusammentreffen von Risiken zu begreifen. So haben beispielsweise Kinder, die in chronischer Armut aufwachsen, mit höherer Wahrscheinlichkeit Eltern, die arbeitslos, psychisch krank, alkoholabhängig oder alleinerziehend sind. Sie verfügen oftmals über mehr Gesundheitsgefährdungen, insbesondere auf Grund schlechterer Ernährung und Pflege sowie beengter Wohnverhältnisse (Scheithauer & Petermann, 1999). Für Kinder verbindet sich Armut in den meisten Fällen auch mit Erfahrungen sozialer Deprivation, Wohnen in Gegenden mit hohem Kriminalitätsanteil, Einschränkungen ihrer Bildungs- und Zukunftschancen sowie elterlichem Stress (Opp & Fingerle, 2000; Mayr, 2000; vgl. hier u. a. auch die AWO-ISS-Studie, Hock et al., 2000). Eine frühe Mutterschaft (vor dem 15. Lebensjahr) kann ebenfalls mit einer Reihe weiterer risikoerhöhender Bedingungen einhergehen: Geburtskomplikationen, Frühgeburt, inkompetentes, unsicheres Erziehungsverhalten der Mutter, Einschränkungen in der Ausbildung der Mutter oder mangelhafte Versorgung des Kindes (Scheithauer et al., 2000). Mehrere, gemeinsam auftretende Risikobedingungen können sich demzufolge summieren oder gegenseitig verstärken; mit zunehmender Risikobelastung steigt dann auch die zu erwartende Entwicklungsbeeinträchtigung an (Laucht et al., 2000). Entscheidend ist damit nicht nur die Art und Spezifität, sondern vor allem die Anzahl und Intensität auftretender Risikobelastungen (Kaplan, 1999; Niebank & Petermann, 2000; Richman & Fraser, 2001).

So belegen empirische Untersuchungen, dass einzelne Risikofaktoren nur gering mit Erlebens- und Verhaltensproblemen korrelieren (Lösel, 1991). Rutter et al. (1975; vgl. auch Rutter, 2000) untersuchten beispielweise in einer großen epidemiologischen Studie die Häufigkeit psychiatrischer Störungen bei zehnjährigen Kindern. Die Autoren identifizierten dabei folgende sechs familiäre Risikofaktoren: elterliche Konflikte, geringer sozioökonomischer Status, überdurchschnittliche Familiengröße oder beengte Wohnverhältnisse, Kriminalität des Vaters, psychische Beeinträchtigung der Mutter und außerfamiliäre Unterbringung des Kindes. Als Ergebnis zeigte sich, dass bei Vorliegen eines Risikofaktors keine signifikant höhere Wahrscheinlichkeit bestand, psychische Störungen zu entwickeln, im Vergleich zu denjenigen Kindern, die keinem Risikofaktor ausgesetzt waren (2 %); bei zwei Risikofaktoren vervierfachte sich die Wahrscheinlichkeit, dass psychische Beeinträchtigungen auftreten (6 %); bei vier Risikofaktoren lag die Wahrscheinlichkeit schon zehnmal so hoch (20 %). Auch die „Mannheimer Risikokinderstudie" von Laucht und Mitarbeitern (Laucht, Esser & Schmidt, 1997, 1998 ➛ Kap. 7.1.2) konnte die Annahme bestätigen, dass die schädlichen Effekte mit dem Ausmaß der Risikobelastung und der Kumulation von Risiken zunehmen: Kinder mit früher organischer Risikobelastung, die gleichzeitig widrigen familiären Lebensumständen ausgesetzt sind, weisen nach der Studie die ungünstigste Entwicklungsprognose auf. Kinder mit multipler Risikobelastung gelten deshalb als besonders stark entwicklungsgefährdet (Rutter, 2000; Masten, 2001 a).

Neben der Kumulation ist auch die *Abfolge im Auftreten risikoerhöhender Bedingungen* (Vulnerabilitäts- und Risikofaktoren) sowie deren gegenseitige Wechselwirkung von Bedeutung (= negative Kettenreaktionen). Risikoerhöhende Bedingungen zu einem früheren Zeitpunkt steigern die Wahrscheinlichkeit für weitere risikoerhöhende Bedingungen zu einem späteren Zeitpunkt in der Entwicklung des Kindes, die in ihrer Abfolge dann zu einem ungünstigen Entwicklungsergebnis beitragen können (Scheithauer & Petermann, 1999). So geht Moffitt (1993) z. B. bei der Entwicklung von antisozialem, aggressivem Verhalten davon aus, dass prä- und perinatale Komplikationen zu neurologischen bzw. neuropsychologischen Schädigungen des kindlichen Nervensystems führen können, welche sich in ungünstigen Temperamentsmerkmalen, verminderten kognitiven Fertigkeiten (z. B. Defizite in der Sprachentwicklung, geringe verbale IQ-Werte) sowie motorischen Entwicklungsverzögerungen des Kindes äußern können. Diese Defizite können später zu schlechteren Schulleistungen beitragen, die sich wiederum zusammen mit negativen Leistungsrückmeldungen abträglich auf das Selbstwertgefühl des Kindes auswirken. Im Zusammenhang mit mangelnder sozialer Unterstützung, einem ungünstigen Erziehungsstil der Bezugspersonen und Eltern-Kind-Konflikten kann diese Konstellation letztlich zu aggressiven, dissozialen Verhaltensweisen führen. Scheithauer und Petermann (1999) weisen darauf hin, dass hier nicht nur die einzelnen Risikobedingungen, sondern vielmehr die risikoerhöhenden *Mechanismen* über die Zeit hinweg von Bedeutung sind. Anhand dieser Betrachtung der Interaktion von Vulnerabilitäts- und Risikofaktoren im Entwicklungsverlauf könnten so Wirkzusammenhänge für spezifische Störungsbereiche isoliert werden.

Ein weiteres wichtiges Kriterium zur Abschätzung kindlicher Entwicklungsrisiken ist die Frage, wann ein Kind Risikobelastungen ausgesetzt ist – es geht also um *Alter und Entwicklungsstand des Kindes*. So sind beispielsweise Säuglinge in den ersten Lebensmonaten vor Trennungserfahrungen (vorübergehende Trennungen von den Eltern) geschützt, da sie aufgrund ihrer neurobiologischen Entwicklung noch keine stabilen, selektiven Bindungen entwickelt haben (Cicchetti & Beeghly, 1990; Rutter, 1993 b). Kinder im Vorschulalter (ab 4 Jahre) sind durch ihre kognitiv-emotionalen Kompetenzen geschützt: Sie haben gelernt, Beziehungen über zeitliche und räumliche Distanzen aufrecht zu erhalten und verfügen bereits über eine stabile Eltern-Kind-Bindung. Kinder diesen Alters wissen auch, warum sie von den Eltern getrennt sind, dass die Trennung nur vorübergehend ist und keinen vollständigen Abschied von den Eltern oder gar deren Verlust bedeutet. Kleinkinder (ca. 2 Jahre) sind dagegen stark gefährdet: Sie befinden sich im Übergang von der biologischen Regulation ihrer Bedürfnisse zur sozialen Regulation; ihnen fehlen noch die notwendigen kognitiven Fähigkeiten, um Beziehungen während der Abwesenheit der Eltern aufrecht erhalten zu können (sie haben die Entwicklungsaufgabe der Bindung an wichtige Bezugspersonen noch nicht vollständig bewältigt).

Der kognitive Entwicklungsstand des Kindes ist auch insofern von Bedeutung, ob es überhaupt selbst versteht, was sich gerade ereignet – z. B. eine Katastrophe wie am 11. September 2001 in New York oder ein Erdbeben. So sind jüngere Kinder (bis ca. 8/9 Jahre) noch nicht imstande, komplexe Situationen und Zusammenhänge zu erfassen. Auch können sie Gefahrenquellen noch nicht differenziert erkennen (Rosenfeld, Lahad & Cohen, 2001). Sie können sich von den realistischen Umständen nur begrenzt eine Vorstellung bilden, weil sie die komplexen technischen Abläufe oder menschlichen Handlungen, die dazu beigetragen haben, noch nicht überblicken bzw. gedanklich rekonstruieren können (Fischer & Riedesser, 1999). Häufig finden sie deshalb magische Erklärungen für das Geschehen. Ihre Reaktionen auf das akute Ereignis bestimmen sich dann zumeist dadurch, wie die engen Bezugspersonen (Mutter, Vater und andere Erwachsene) sich verhalten und mit dem Ereignis umgehen. Dies führt oftmals dazu, dass sie sich hilflos, ohnmächtig und unsicher fühlen und Ängste entwickeln. Ältere Kinder (ab ca. 9 Jahre) sind hier eher in der Lage, Situationen zu analysieren, den Ereignissen eine Bedeutung zuzuschreiben, Ursache-Wirkungs-Zusammenhänge zu begreifen und Konsequenzen für die Zukunft abzuleiten. Die Ausführungen zeigen, wie wichtig hier eine entwicklungsorientierte Betrachtung ist.

Entscheidend ist aber nicht nur wann, sondern auch wie lange ein Kind Risikoeinflüssen ausgesetzt ist, d. h. es geht um *Chronizität*. Vor allem langandauernde und immer wiederkehrende schädigende Einflüsse führen zu einer langfristigen Veränderung des biopsychosozialen Wohlbefindens und zu einer „Risikopersönlichkeit" (vgl. Bender & Lösel, 1998, S. 124).

Neben dem Alter spielt bei den risikoerhöhenden Faktoren auch die *Geschlechtszugehörigkeit* eine Rolle. In der epidemiologischen Forschung gibt es zahlreiche Belege dafür, dass Jungen im ersten Lebensjahrzehnt generell anfälliger für Risikobelastungen (insbesondere biologische Risiken, familiäre Defizite und niedriger sozioökonomischer Status) sind, Mädchen dagegen in der Adoleszenz (Laucht et al., 2000; Scheithauer & Petermann, 1999; Kaplan, 1999). Im Erwachsenenalter scheint sich diese Anfälligkeit wieder zuungunsten des männlichen Geschlechts umzukehren (vgl. die Kauai-Längsschnittstudie ➛ Kap. 7.1.1). Ungeachtet dieser generellen Trends – Jungen sind in der ersten Lebensdekade, Mädchen in der zweiten vulnerabler – gilt es aber dennoch, die Wirkungsweisen der risikoerhöhenden Bedingungen spezifisch zu betrachten. So kam die „Mannheimer Risikokinderstudie" (➛ Kap. 7.1.2) beispielsweise zu dem Ergebnis, dass die psychische Erkrankung von Mutter oder Vater unterschiedliche Konsequenzen für Mädchen und Jungen hat: Bei mütterlicher Depression wiesen Kinder beiderlei Geschlechts im Alter von 8 Jahren mehr Verhaltensprobleme im Vergleich zur Kontrollgruppe auf; war dagegen der Vater psychisch erkrankt (vorrangig Alkoholproblematik), stieg allein bei den Jungen die Zahl der Verhaltensauffälligkeiten signifikant an (Laucht et al., 2000).

Welche Auswirkungen negative Lebenserfahrungen haben können, wird zudem von der *subjektiven Bewertung der Risikobelastung* mitbestimmt (Ereigniseinschätzung ➛ Kap. 6). Gemeint ist damit, welche Bedeutung und Ursache das Kind selbst dem Stressor beimisst und wie es die Realität der negativen Lebenserfahrungen in sein Selbstkonzept einverleibt (Wadsworth, 1999; Rutter, 2001). Die Trennung der Eltern kann z. B. für manche Kinder eine Befreiung aus der Stresssituation darstellen, während andere Kinder mit Verlustängsten reagieren oder ihr eigenes Verhalten für die Scheidung der Eltern verantwortlich machen und starke Schuldgefühle entwickeln. Kinder nehmen sich und ihre Umwelt unterschiedlich wahr und bringen auch sehr verschiedene Vorerfahrungen mit. Es lässt sich daher festhalten: Ein und derselbe risikoerhöhende Faktor kann sehr unterschiedliche Effekte haben (= Multifinalität). Wie eine Risikosituation zu beurteilen ist, lässt sich letztlich nur aus der Perspektive des betroffenen Kindes beantworten (Lohaus & Klein-Heßling, 2001): Nur am Individuum selbst kann gezeigt werden, wie es seine Situation bewältigt und kompensiert.

4.2 Das Schutzfaktorenkonzept

Unter risikomildernden bzw. schützenden/protektiven Bedingungen werden nach Rutter (1990) psychologische Merkmale oder Eigenschaften der sozialen Umwelt verstanden, welche die Auftretenswahrscheinlichkeit psychischer Störungen senken bzw. die Auftretenswahrscheinlichkeit eines positiven bzw. gesunden Ergebnisses (z. B. soziale Kompetenz) erhöhen.

Das Konstrukt der risikomildernden Faktoren wurde als positiver Gegenbegriff zu dem der risikoerhöhenden Faktoren konzipiert. Es kann jedoch terminologische Verwirrung entstehen, wenn die protektiven Merkmale lediglich als die „Kehrseite der Medaille" verstanden werden, im Sinne eines Fehlens von Risiken, und somit nur Risikoforschung mit umgekehrtem Vorzeichen betrieben wird. In diesem Fall stellen risikoerhöhende und -mildernde Faktoren gegenüberliegende Pole ein- und desselben Kennzeichens dar: Je nachdem, welcher Pol betrachtet wird, spricht man von einem risikomildernden oder aber von einem risikoerhöhenden Faktor (Scheithauer et al., 2000). Beispielsweise gilt eine emotional stabile Bindung an eine Bezugsperson als ein wesentlicher Schutzfaktor. In der Entwicklungspsychopathologie wird aber genauso auch deren Fehlen als ein gravierendes Störungsrisiko betrachtet (Lösel & Bender, 1997). In diesem Zusammenhang wird laut Scheithauer et al. (2000) ein grundlegendes Problem deutlich: „Stellen bestimmte Merkmale, wie zum Beispiel der familiäre Zusammenhalt, protektive Faktoren dar?

Oder ist es sinnvoller, im Falle des ‚Nichtvorhandenseins' (z. B. in Form der Desorganisation familiärer Strukturen), von einem zusätzlichen, risikoerhöhenden Faktor zu sprechen?" (S. 85). Eine solche Definition kann nach Ansicht vieler Forscher zu Fehlschlüssen führen.

Rutter (1985) hat auf diese Gefahr explizit hingewiesen und gefordert, risikoerhöhende und risikomildernde Faktoren methodisch und qualitativ klar voneinander abzugrenzen sowie Vorstellungen darüber zu formulieren, wie Risiko- und Schutzfaktoren bzw. Resilienz- und Vulnerabilitätsfaktoren zusammenwirken. Er betont in diesem Zusammenhang, dass ein Merkmal nur dann als protektiv klassifiziert werden sollte, wenn es die pathogene Wirkung des Risikos moderiert (Interaktions- oder Moderatoreffekt ➛ Kap. 4.4.3): Liegt ein risikomildernder Faktor vor, wird der Risikoeffekt gemindert oder völlig beseitigt, fehlt der risikomildernde Faktor, kommt der Risikoeffekt voll zum tragen (Laucht, 1999). Es handelt sich dabei um eine Pufferwirkung: Ein Schutzfaktor ist nach Rutter (1990) besonders oder ausschließlich dann wirksam, wenn eine Gefährdung vorliegt; ist keine Risikobelastung gegeben, hat der Faktor keine protektive Bedeutung. Wirkt sich ein Faktor unabhängig davon positiv aus, ob ein erhöhtes Risiko besteht oder nicht, so könnte von einer generellen entwicklungsförderlichen Bedingung gesprochen werden (Scheithauer et al., 2000).

Darüber hinaus sollte sichergestellt sein, dass ein bestimmtes Merkmal, in dem sich Risikokinder mit günstiger und ungünstiger Entwicklung unterscheiden (das dann als Resilienzfaktor interpretiert wird), tatsächlich die Ursache dieser Entwicklung ist und nicht lediglich deren Konsequenz abbildet: d. h. einmal als Kompetenz, die vor Beeinträchtigung schützt (protektives Merkmal) und einmal als Kompetenz, die als Zeichen einer positiven Entwicklung verstanden wird (Ergebnis einer geschützten Entwicklung; Laucht, 1999; Masten & Coatsworth, 1998). So kann z. B. der häufig beschriebene Faktor „hohes Selbstwertgefühl" zum einen als Folge einer gesunden Entwicklung trotz Risikobelastung angesehen werden und zum anderen als protektives Merkmal, das eine solche günstige Entwicklung bewirkt. Dieses Phänomen tritt zumeist bei Querschnittsuntersuchungen zutage. Es muss also genau geklärt werden, ob diese Eigenschaft (hohes Selbstwertgefühl) während der Auseinandersetzung mit aversiven Bedingungen, hinterher oder bereits zu einem früheren Zeitpunkt entwickelt wurde, um hier Unklarheiten zu vermeiden (Scheithauer et al., 2000). Laucht (1999) fordert deshalb, insbesondere Längsschnittuntersuchungen – vor allem prospektive – durchzuführen, in denen die zeitliche Beziehung zwischen risikoerhöhenden und -mildernden Bedingungen bzw. Faktoren abgeklärt werden kann.

Risikomildernden bzw. schützenden Bedingungen kommt eine Schlüsselfunktion im Prozess der Bewältigung von Stress- und Risikosituationen bei. Sie fördern die Anpassung eines Individuums an seine Umwelt bzw. erschweren die Manifestation einer Störung. Schützende Bedingungen erhöhen also die Wahrscheinlichkeit, dass ein Kind gegenüber Belastungen besser gewappnet ist und erfolgreicher mit Problemsituationen umgehen kann. Sie scheinen die negativen Effekte der Risikobelastung abschwächen, kompensieren bzw. aufheben zu können.

Risikomildernde Bedingungen bezeichnen zum einen *personale Ressourcen* (Eigenschaften des Kindes) und zum anderen *soziale Ressourcen* (Schutzfaktoren in der Betreuungsumwelt des Kindes). Schützende Bedingungen lassen sich also drei wesentlichen Einflussebenen zuordnen:

- dem Kind,
- der Familie,
- dem außerfamiliären sozialen Umfeld (Garmezy, 1985; Luthar & Cicchetti, 2000; Masten et al., 1990; Masten & Coatsworth, 1998; Werner & Smith, 1982, 1992).

Die drei genannten Bereiche dürfen dabei aber nicht isoliert voneinander betrachtet werden, sie sind vielmehr miteinander verwoben und unterliegen gegenseitigen Wechselwirkungen (vgl. den ökopsychologischen Ansatz von Bronfenbrenner, 1979). Viele Eigenschaften und Merkmale, die allem Anschein nach in der Person des Kindes liegen, bilden sich in Wirklichkeit z. B. aus der kontinuierlichen Interaktion des Kindes mit seiner Umwelt heraus (z. B. auf der Grundlage der jeweiligen familiären Einflussfaktoren; Luthar & Cicchetti, 2000).

Bei der Betrachtung der schützenden Bedingungen haben Scheithauer und Petermann (1999; vgl. auch Petermann, 2000; Scheithauer et al., 2000, 2002) auf der Basis einer gründlichen Sichtung der Literatur folgende genauere Klassifizierung herausgearbeitet:

- **Kindbezogene Faktoren** (Eigenschaften, die das Kind beispielsweise von Geburt an aufweist, wie ein positives Temperament)
- **Resilienzfaktoren** (Eigenschaften, die das Kind in der Interaktion mit seiner Umwelt sowie durch die erfolgreiche Bewältigung von altersspezifischen Entwicklungsaufgaben im Verlauf erwirbt; diese Faktoren haben bei der Bewältigung von schwierigen Lebensumständen eine besondere Rolle, z. B. ein positives Selbstwertgefühl, Selbstwirksamkeitsüberzeugungen, aktives Bewältigungsverhalten)

- **Umgebungsbezogene Faktoren** (Merkmale innerhalb der Familie und im weiteren sozialen Umfeld des Kindes, z. B. eine stabile emotionale Beziehung zu einer Bezugsperson, Modelle positiven Bewältigungsverhaltens).

Anhand dieser Dreiteilung wird bereits sehr gut deutlich, bei welchen Faktoren der Förderungsaspekt anzusiedeln ist: nämlich den Resilienzfaktoren und umgebungsbezogenen Schutzfaktoren (➛ Kap. 7 und 8).

Multiple schützende Bedingungen – also multiple Ressourcen – können die Chance für eine gute Anpassung trotz schwieriger Lebensbedingungen erheblich verbessern (sie summieren oder verstärken sich dann gegenseitig). So ist z. B. die Qualität der Bindungsbeziehungen zu wichtigen Bezugspersonen im Umfeld des Kindes, wie den Eltern, mit der Entwicklung eines positiven Selbstbildes und einem erhöhten Gefühl der Selbstwirksamkeit gekoppelt (Egeland et al., 1993). Personen mit einem positiven Selbstbild sind im weiteren Entwicklungsverlauf wiederum verstärkt in der Lage, zwischenmenschliche Beziehungen aufzubauen und soziale Unterstützung durch andere zu mobilisieren. Diese Form der *Kumulation risikomildernder Bedingungen* kann nach Scheithauer und Petermann (1999) dazu führen, dass manche Menschen eine Vielzahl an möglichen personalen Ressourcen und Schutzfaktoren aufweisen, andere dagegen wenige oder gar keine – dieser Aspekt liefert laut den Autoren *eine* Erklärung dafür, warum einige Personen vor dem Hintergrund vielfältiger widriger Lebensumstände keine psychischen Beeinträchtigungen entwickeln. In einer Untersuchung von Jessor et al. (1995) konnte z. B. belegt werden, dass Risikokinder mit nur einem Schutzfaktor eine hohe Vulnerabilität in Bezug auf Verhaltensstörungen zeigten; Kinder, die über multiple Schutzindikatoren verfügten, blieben dagegen von den widrigen Lebensumständen in ihrer Entwicklung relativ unbeeinträchtigt.

Die Wirkung von risikomildernden Faktoren erweist sich darüber hinaus *geschlechtsabhängig*. Laut Petermann et al. (1998) sind bei Mädchen vor allem personale Eigenschaften wie Temperament, Problemlösefertigkeiten, Selbstwertgefühl und internale Kontrollüberzeugung von Bedeutung, bei Jungen eher die soziale Unterstützung durch andere, z. B. durch die Mutter, Familienangehörige oder Lehrer. Nach den Ergebnissen der Kauai-Längsschnittstudie (➛ Kap. 7.1.1) spielen bei Jungen im Kindesalter stärker das Streben nach Autonomie und Selbsthilfe eine protektive Rolle, bei Mädchen eher soziale Orientierungen (im Hinblick auf soziale Beziehungen zu Gleichaltrigen; Werner, 2000). Während bei Mädchen im Kleinkindalter ein umgängliches

Temperament als Prädiktor für eine erfolgreiche Problembewältigung im Erwachsenenalter gilt, haben für Jungen familiäre Stabilität und positive Interaktionen mit der Mutter die größte Bedeutung (Röper et al., 2001).

Mit dem Schutzkonzept verbinden sich in Forschung und Praxis große Hoffnungen: zum einen im Hinblick auf die Verbesserung der Entwicklungsprognose von Risikokindern und die Entstigmatisierung von Risikogruppen, zum anderen in Bezug auf wichtige Anregungen, wie Maßnahmen zur Prävention und Intervention gestaltet werden können/müssen, damit sich Kinder zu resilienten Persönlichkeiten entwickeln (Laucht, 1999 → Kap. 8).

4.3 Gegenwärtige Forschungsperspektive: Wirkprozesse und Mechanismen

Nach heutiger Forschungsansicht ist es entscheidend, nicht nur die einzelnen risikoerhöhenden und -mildernden Bedingungen zu kennen, sondern insbesondere die zugrunde liegenden Prozesse und Mechanismen ihrer Wirkung zu erforschen. Rutter (2000) betont in diesem Kontext beispielsweise, dass die Schutzqualität weniger in dem Faktor selbst, d. h. in der Variable als solcher, als vielmehr in dem ihm zugrunde liegenden Schutz"mechanismus" liegt. Der Stand der Resilienzforschung wird deshalb oftmals folgendermaßen bewertet: Bemühte man sich in der ersten Phase der Resilienzforschung zunächst darum, Risiko- und Schutzbedingungen kindlicher Entwicklung zu erfassen, heißt es jetzt in der zweiten Phase, sprich in der gegenwärtigen Forschungsgeneration, die zugrunde liegenden dynamischen Prozesse und Mechanismen zu untersuchen, die zwischen Risiko- und Schutzfaktoren, Resilienz und Vulnerabilität vermitteln – also weg von einer statischen hin zu einer dynamischen Betrachtungsweise (Luthar & Cicchetti, 2000; Kaplan, 1999; Masten, 1999; Masten & Coatsworth, 1998; Niebank & Petermann, 2000; Richman & Fraser, 2001; Rutter, 2000).

Das Phänomen der Resilienz lässt sich nach gegenwärtigem Kenntnisstand nicht mehr auf eine einfache additive Aneinanderreihung und Auflistung von Faktoren reduzieren. So merkt Fingerle (1999) an: „Die vermeintlich klaren Ergebnisse der frühen Resilienzforschung treten zurück hinter den Eindruck der Komplexität von Wirkungszusammenhängen, der Individualität und Differentialität von Entwicklungsverläufen (...)" (S. 95). Scheithauer, Petermann und Niebank (2000) betonen: „Es sind Theorien notwendig, die erklären können, auf welche Weise risikoerhöhende Faktoren spezifisch beispielsweise mit bestimmten psychischen Störungen verknüpft sind. Welche Mechanismen wirken zwischen risikoerhöhenden Bedingungen und den Verhaltensäußerungen? Auf welche Art und Weise zum Beispiel ist ein negatives Erlebnis in der frühen Kindheit, wie Kindesmißbrauch, verknüpft mit dissozialem Verhalten oder Depressionen im Jugendalter? Welche biologischen und psychosozialen Prozesse liegen zwischen einem Ereignis und dem Entwicklungsergebnis?“ (S. 19). Der Forschungsschwerpunkt hat sich damit von relativ allgemeinen Faktoren hin zu differentiellen Entwicklungsprozessen verlagert (Lösel & Bender, 1999). Erst durch das Erfassen dieses komplexen Zusammenspiels können exaktere Aussagen über jene Bedingungen getroffen werden, die zur Entwicklung einer Störung führen oder umgekehrt eine positive Entwicklung begünstigen.

Rutter (2001) führt in diesem Zusammenhang die Unterscheidung zwischen *Risiko-Indikator* und *Risiko-Mechanismus* ein. Er nimmt an, dass Risikofaktoren nicht per se das Entwicklungsergebnis des Kindes bedingen, sondern eher Indikatoren für weitaus komplexere Prozesse und Mechanismen sind. Nach dieser Differenzierung fungiert z. B. der Risikofaktor „elterliche Scheidung“ als ein Risiko-Indikator. Empirische Untersuchungen haben allerdings gezeigt, dass die Gefahr für die kindliche Entwicklung eher von den zugrunde liegenden proximalen Risikoprozessen wie familiäre Disharmonie, elterliche Konflikte oder verunsichertes, überfordertes Erziehungsverhalten der Eltern vor und nach der Scheidung ausgeht, die danach als „Risiko-Mechanismen“ anzusehen sind (vgl. z. B. Schmidt-Denter, 2000, 2001).[12]

So belegen z. B. neuere Ergebnisse aus prospektiven Längsschnittstudien, dass die kindliche Bewältigung der elterlichen Scheidung entscheidend davon abhängig ist, welches Ausmaß an interparentalen Konflikten vor der Scheidung gegeben ist: Bestehen offene, chronische und feindselig ausgetragene Konflikte zwischen den Eltern, die zu keiner konstruktiven Konfliktlösung führen, scheint die elterliche Scheidung für die Kinder – langfristig gesehen – entwicklungsförderlicher zu sein, als wenn die Eltern verheiratet bleiben und die Kinder dauerhaft dem hohen familiären Konfliktniveau ausgesetzt sind (in solchen hochstrittigen Familien werden Kinder nicht selten in die Konflikte mit einbezogen, was sich auch in körperlichen Aggressionen niederschlagen kann). Die Scheidung der Eltern hat für solche Kinder dann insofern einen Schutzeffekt, als dass hierdurch die Beendigung der Konflikte erlebbar wird.

12 Distale Faktoren haben teilweise nur dann einen klaren Risikoeffekt, wenn dieser durch proximale Faktoren (z. B. Ablehnung, Gleichgültigkeit, Inkonsistenz in der Erziehung) vermittelt wird (Lösel & Bender, 1999).

Neueste Untersuchungen sind allerdings auch zu folgendem Ergebnis gekommen: Bestehen keine oder nur geringe offene, eheliche Konflikte vor der Scheidung, können sich Kinder schwerer an die Scheidung der Eltern anpassen als bei Vorhandensein elterlicher Streitigkeiten. Die Trennung der Eltern stellt für sie dann ein unerwartetes, unvorhersagbares und unerklärbares Ereignis dar, d.h. sie sind weniger auf die elterliche Trennung vorbereitet, das Verhalten der Eltern ist für sie völlig unkontrollierbar. Im weiteren Verlauf ist die elterliche Trennung für sie dann auch noch mit einer Reihe zusätzlicher stressvoller Ereignisse und Lebensbedingungen verbunden, wie z.B. die Verringerung des Familieneinkommens, der Verlust eines Elternteils, ein neues Wohnumfeld, Schulwechsel, veränderte Tagesstrukturen, neue Pflichten und Aufgaben in der Familie oder der Abschied von Freunden (Amato, Loomis & Booth, 1995; Hanson, 1999; Jekielek, 1998; Morrisson & Coiro, 1999; vgl. auch Amato, 2001). Das Erleben von Unvorhersagbarem bzw. Unkontrollierbarkeit kann zur Entwicklung sozial unsicheren Verhaltens führen (wie Trennungsangst, Vermeidungsverhalten, sozialer Rückzug; Petermann & Petermann, 2000). Die Kinder haben keine Anhaltspunkte dafür, ob ein weiteres, ähnlich unangenehmes Ereignis eintritt oder ausbleibt. Unvorhersagbarkeitsbedingungen können gerade bei jüngeren Kindern Schuldgefühle auslösen, indem sie das unvorhersagbare aversive Ereignis internal attribuieren, also die Ursache des Ereignisses sich selbst zuschreiben. In diesem Zusammenhang wird deutlich, wie wichtig und notwendig eine *differentielle und prozessorientierte Betrachtung* des jeweiligen Problemfeldes ist.

Nach heutiger Ansicht ist es darüber hinaus wesentlich, Risiko- und Schutzeffekte stärker im *sozialen Kontext* zu betrachten (Glantz & Sloboda, 1999; Luthar & Cicchetti, 2000; Rutter, 2000; Waller, 2001). Denn je nach Risikosituation zeigen sich oftmals sehr unterschiedliche Wirkungen. Bestimmte risikoerhöhende und -mildernde Faktoren können in dem einen Fall negative, im anderen Fall, d.h. unter anderen Umständen, positive Wirkung haben – sie können also über ein „Doppelgesicht" verfügen (Kaplan, 1999; Lösel & Bender, 1999; Rutter, 2000). So erwies sich z.B. der Faktor „strenge elterliche Erziehung" als ein Schutzfaktor bei Jugendlichen, die in Armut aufwachsen, aber nicht bei Jugendlichen, welche familiären Risikobedingungen wie elterliche Psychopathologie ausgesetzt sind (Luthar & Cicchetti, 2000). Peer-Beziehungen gelten normalerweise als sehr gute Prädiktoren für die prosoziale Entwicklung von Kindern sowie als Schutzfaktor bei der Bewältigung von Belastungen. Bei Jugendlichen aus sozialen Brennpunkten sowie bei Straßenkindern fand man jedoch heraus, dass Peer-Beziehungen auch mit abweichendem, aggressivem Verhalten verbunden sein können (Luthar, 1995). In diesem Fall kann die Peer-Gruppe ein Modell und ein Verstärker für delinquentes Verhalten darstellen, was eher einem Training antisozialen Verhaltens gleichkommt.

Die meisten Untersuchungen identifizierten ein „einfaches“ Temperament (Thomas & Chess, 1980) als kindbezogenen, risikomildernden Faktor; unter anderen Bedingungen erwies sich aber eher ein „schwieriges“ Temperament als hilfreich: So hatten schwierige, mehr fordernde Säuglinge beispielsweise während einer großen Dürreperiode bei den Massai (einer Ethnie in Ostafrika) eine größere Überlebenschance als sogenannte „einfache“ Säuglinge (DeVries, 1984). Die Prognosen scheinen also bei den Massai genau umgekehrt zu sein: Die schwierigen Kinder erhielten entweder durch ihr Schreien mehr Aufmerksamkeit oder es wird in dieser speziellen Kultur ein Säugling mit schwierigem Temperament positiver bewertet als in westlichen Gesellschaften.

Des Weiteren kann ein Schutzfaktor im Kleinkindalter möglicherweise im Jugendalter zum Risikofaktor werden, d. h. es gibt eine *Entwicklungsphasenabhängigkeit*: So kann ein ständiges umsorgendes Verhalten der Mutter und deren permanente Anwesenheit im Jugendalter eine gegenteilige Wirkung entwickeln: überbehütendes, überinvolviertes Erziehungsverhalten ohne Gewährung von Freiraum. Dadurch kann eine Ablösung vom Elternhaus und die Entwicklung von Autonomie des Jugendlichen erschwert werden, was aber im Jugendalter zu den wichtigen Entwicklungsaufgaben gehört (Eickhoff & Zinnecker, 2000).

In manchen Situationen können auch Risikobedingungen und die damit verbundenen Erfahrungen eine protektive Qualität beinhalten. Petzold, Goffin und Oudhof (1993) merken hierzu an: ‚Hard growing children‘ sind oftmals durch den ‚rauhen Wind‘, in dem sie aufwuchsen, für härtere Zeiten besser ausgerüstet als Kinder, die wohlbehütet aufwuchsen (wir denken hier keineswegs an ein Aufwachsen in einem überprotektiven Milieu) und die damit auf schwierige Lebenssituationen, plötzliche Verarmung, Katastrophenereignisse u. ä. schlecht vorbereitet sind“ (S. 411). Diese Äußerung darf jedoch keinesfalls kausal in der Hinsicht interpretiert werden, dass Kinder von solchen schweren Lebensumständen doch regelrecht „profitieren“ können (im Sinne eines „stählenden Effekts“). Damit kommt vielmehr zum Ausdruck, dass Kinder im Prozess der Bewältigung schwieriger Lebensumstände auch Handlungskompetenzen und effektive Coping-Strategien erwerben können, die für spätere Problem- und Stresssituationen sehr hilfreich sind. Schneider (1998) führt hierzu aus: „Die Entwicklung von Kindern wird von guten und schlechten Erfahrungen gleichermaßen beeinflußt. So können Erfahrungen, die zunächst negativ erscheinen, sich im weiteren Verlauf zu einer Schutzfunktion entwickeln. Wie die Resistenz gegen Infektionskrankheiten durch eine ‚erfolgreiche‘ Ansteckung mit dem Infektionsträger in modifizierter oder geringer Form ermöglicht wird (‚Schutzimpfung‘), so kann auch eine erfolgreiche Bewältigung früherer, belastender Erfahrungen die Abwehrkräfte gegen spätere psychosoziale Krisen stärken. (...) So kann ein Stressor in Abhängigkeit von der Qualität der Streßbewältigung Quelle einer Krankheit oder Anlaß zur Weiterentwicklung sein" (S. 165).

Die günstige oder ungünstige Funktion eines Faktors kann zudem auch eine Frage der „*Dosierung*" sein. So zeigt ein gut ausgeprägtes „Kohärenzgefühl"[13] erwiesenermaßen eine protektive Wirkung – dies ist allerdings dann nicht der Fall, wenn es übersteigert oder rigide ausgeprägt ist (Antonovsky, 1987).

Was protektiv wirkt, hängt somit von den jeweiligen individuellen bzw. spezifischen Bedingungskonstellationen ab (Fingerle, 1999). Betrachtet man nur das Vorhandensein eines risikomildernden Faktors, ohne dessen Qualität oder Wirkungsweise in der *konkreten Lebenssituation* mit einzubeziehen, können Prognosen aufgrund eines „reinen Balance-Modells" (Resilienz basiere nur auf der Balance zwischen risikoerhöhenden und -mildernden Faktoren) falsch sein (Zimmermann, 2000). So kann z. B. ein positives Selbstkonzept (verbunden mit Selbstvertrauen und einem positiven Selbstwertgefühl) in der Regel als ein zentraler Resilienzfaktor angesehen werden, der einen konstruktiven Umgang mit Problemen und Entwicklungsrisiken fördert (Cowen et al., 1997; Werner & Smith, 1982, 1992). Einige Studien zeigen aber, dass auch gewalttätige Personen über ein ausgeprägtes Selbstwerterleben – in dem Fall ist es eine übersteigerte Selbsteinschätzung – verfügen (Baumeister, Smart & Boden, 1996). Eine Untersuchung von aggressiven Kindern ergab beispielsweise, dass sie bereits im Alter von sieben Jahren stärker idealisierende und überhöhte Selbstbeurteilungen hinsichtlich ihrer Kompetenz und sozialen Beziehungen hatten als nicht-aggressive Kinder (Hughes, Cavell & Grossmann, 1997). Weil ein solches Selbstbild dazu führen kann, dass man andere Personen abwertet oder von ihnen mehr Wertschätzung erwartet, als man erhält, kann sich ein positives Selbstkonzept bei diesen Kindern sogar als aggressionsstabilisierend erweisen. Ein besonders ausgeprägtes Selbstwerterleben scheint hier somit eher ein Risiko darzustellen (Lösel & Bender, 1999; Masten & Coatsworth, 1998).

Fingerle, Julius und Freytag (1997, S. 307) stellen die Vermutung auf, dass es möglicherweise unterschiedliche Formen von Resilienz geben könnte, je nachdem, welche Bedingungskonstellation vorliegt. Die Autoren verdeutlichen dies an folgendem Beispiel: Kinder, die in Armut aufwachsen, könnten z. B. gegenüber den damit einhergehenden Entwicklungsrisiken widerstandsfähig sein, weil sie in einer Familie aufwachsen, die die mit Armut einherge-

13 Das Kohärenzgefühl bezeichnet nach Antonovsky (1987) eine allgemeine Grundhaltung gegenüber der Welt und dem eigenen Leben, dass man das, was um einen herum geschieht, ausreichend versteht und beeinflussen kann und dass man über innere und äußere Hilfsquellen verfügt. (➛ Kap. 7.2.3)

henden Belastungen nicht an das Kind weitergibt, sondern trotz der belastenden Lebensumstände einen warmen, akzeptierenden und unterstützenden Erziehungsstil pflegt. In dem Fall wären es wohl genau genommen eher die Eltern, die als resilient zu bezeichnen wären. Im Gegensatz dazu könnten einige Kinder auch dann widerstandsfähig sein, wenn ihre Eltern nicht in der Lage sind, die Armutsrisiken erzieherisch zu kompensieren. Dies wäre z. B. dann der Fall, wenn die Kinder in der Lage sind, sich in bestimmtem Umfang von ihren Eltern innerlich zu distanzieren – eine Fähigkeit, die unter anderen Umständen durchaus als Entwicklungsdefizit eingestuft werden könnte. Sie stellt also einen Faktor dar, der nur dann einen Schutz bietet, wenn ein spezifisches Risiko vorliegt.

Zukünftige Untersuchungen bezüglich der Wechselwirkungsprozesse und des Zusammenwirkens von risikoerhöhenden und schützenden Bedingungen sollten nach heutiger Ansicht möglichst mit Hilfe von Längsschnittstudien erfolgen. Denn sie berücksichtigen z. B., wie die Auswirkungen früher Risiken durch später auftretende Einflüsse gemildert, stabilisiert oder verstärkt werden können (Glantz & Sloboda, 1999; Windle, 1999). Scheithauer et al. (2000) weisen darauf hin, dass insbesondere Studien an unausgelesenen Geburtskohorten bzw. -jahrgängen, welche von Geburt an bis ins Erwachsenenalter verfolgt werden – sog. prospektive Längsschnittstudien – die unterschiedlichen Einflüsse und individuellen Entwicklungsverläufe aufdecken können. Werner (1999 b, 2000) argumentiert, dass die meisten Untersuchungen bislang nur auf kurze Zeiträume und das Schulalter fokussierten. So existieren bislang noch wenige Studien, die schon das Säuglings- und Kleinkindalter im Blickfeld haben. Masten (1999) unterstreicht insbesondere die Notwendigkeit multivariater Längsschnittstudien, die sowohl die multidimensionalen Aspekte von Resilienz als auch multiple Risikoindikatoren, d. h. vor allem risikoreiche Multiproblem-Milieus, genauer analysieren. Lösel und Bender (1999) sprechen sich dafür aus, nach Möglichkeit vielfältige Settings und multiple Informanten bei der Datenerhebung zu berücksichtigen (z. B. Fremd- und Selbstbeurteilung). So zeigen sich beispielsweise unterschiedliche Effekte, je nachdem ob Verhaltensprobleme mittels Selbstbericht oder Elternbzw. Erzieherurteil erfasst werden (Selbstauskünfte sind jedoch erst ab einer bestimmten Altersgruppe möglich). Bender und Lösel (1998) weisen in dem Zusammenhang allerdings auch darauf hin, dass die verschiedenen Datenquellen nicht für alle Problembereiche gleich gut geeignet sind: Bei Fremdbeurteilung besteht z. B. die Gefahr, dass internalisierende Probleme wie Ängste, depressive Verstimmungen oder psychosomatische Beschwerden möglicherweise übersehen werden. Die Probanden werden dann als „resilient“ eingeschätzt, weil sie gegenüber einer Vergleichsgruppe keine externalisierenden Störungen (Aggressivität/antisoziales Verhalten, Delinquenz) aufzeigen.

Zusammenfassung:

Risikoerhöhende und risikomildernde Bedingungen können je nach Person- und Kontextmerkmalen und je nach Störungsart unterschiedliche Auswirkungen haben (Heterogenität der Effekte). Aus diesem Grund muss jeweils problemspezifisch, differenziert und individuell vorgegangen werden – *„Risiko wofür?"* und *„Schutz wogegen?"* (Lösel & Bender, 1999). Die genauere Aufklärung von solchen differentiellen Entwicklungsprozessen und Anpassungs- bzw. Wechselwirkungsmechanismen ist zentrale Aufgabe zukünftiger Resilienzforschung. Dabei müssen insbesondere folgende Gesichtspunkte berücksichtigt werden:

- in welcher Kombination und Abfolge Risikobedingungen auftreten,
- wie risikoerhöhende Faktoren über die Zeit interagieren,
- wie risikoerhöhende Faktoren in Phasen erhöhter Vulnerabilität wirken (z.B. während des Übergangs vom Kindergarten in die Grundschule),
- dass risikoerhöhende Faktoren kumulieren und sich gegenseitig verstärken,
- dass es Alters- und Geschlechtsunterschiede gibt,
- dass verschiedene Einflussebenen (Kind, Familie, Bildungsinstitutionen, soziales Umfeld etc.) beteiligt sind,
- wie schützende Bedingungen mit den Risikobedingungen interagieren,
- welche Bedeutung kindliche Kompetenzen bei der Auseinandersetzung mit risikoerhöhenden Bedingungen haben (Niebank & Petermann, 2000; Scheithauer et al., 2000).

Vor allem letztgenannter Aspekt hat für die Konzipierung von Präventionsmaßnahmen und die pädagogische Praxis besondere Relevanz.

Die Tatsache, dass sich viele Kinder trotz Risikobedingungen positiv und psychisch gesund entwickeln, kann damit erklärt werden, dass (1) Schutzbedingungen die negative Wirkung von Risikobedingungen abpuffern können, (2) Risikokinder eine unterschiedliche Risikobelastung aufweisen, (3) diese Kinder Bewältigungsfertigkeiten (Coping-Strategien ➛ Kap. 6.2) und entscheidende Kompetenzen entwickelt haben bzw. in der Auseinandersetzung mit der belastenden Situation entwickeln, die zur Entstehung von Resilienz beitragen und eine angepasste Entwicklung nicht gefährden (Scheithauer et al., 2002 ➛ Kap. 7.2).

Abb. 1 gibt einen grafischen Überblick über die wesentlichen Aspekte der vorangegangenen Ausführungen. Auf der einen Seite stehen die risikoerhöhenden Bedingungen als Belastungen für die kindliche Entwicklung. Sie können kindbezogenen (Vulnerabilitätsfaktoren)

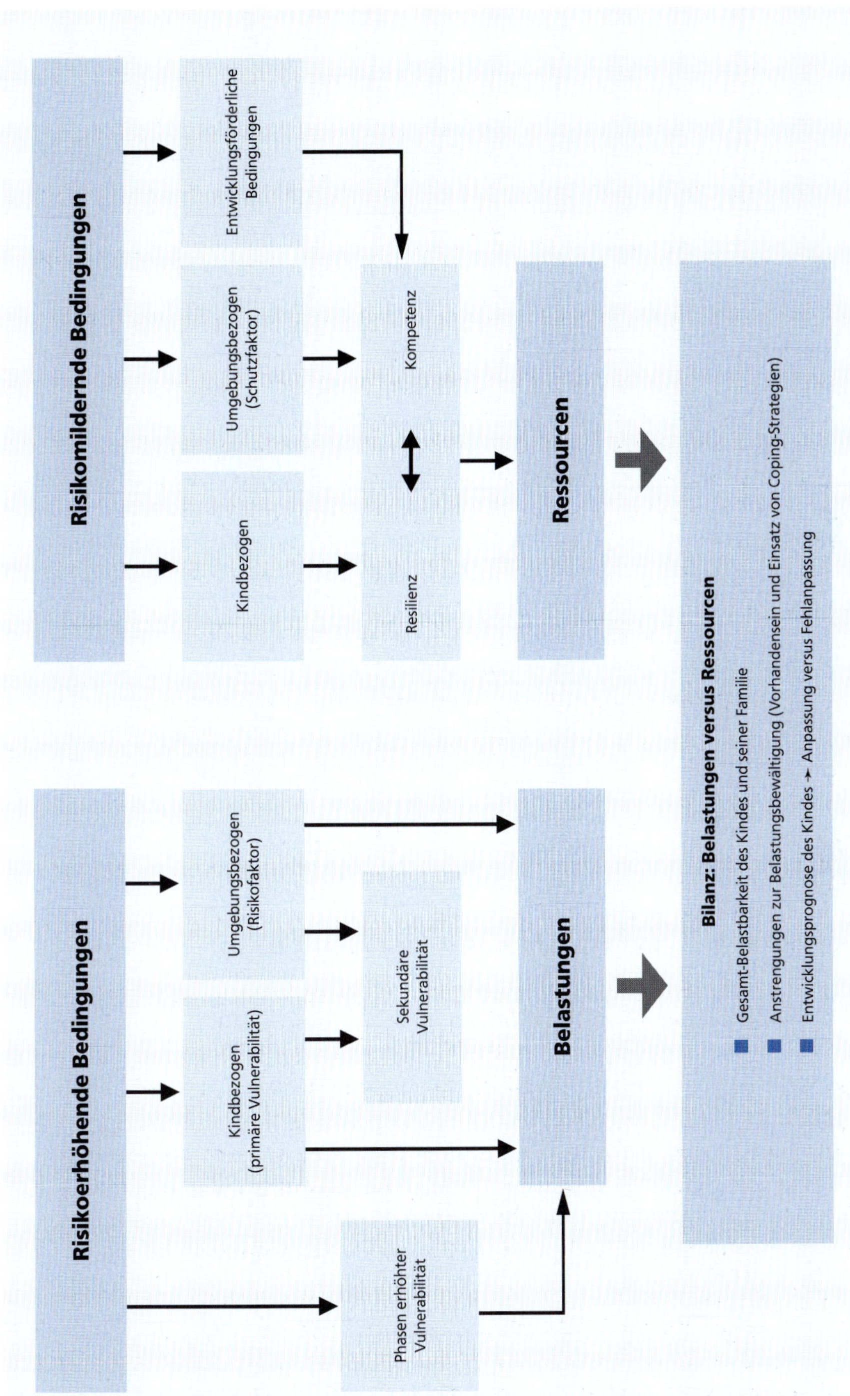

Abb. 1 Risikoerhöhende und -mildernde Bedingungen in der kindlichen Entwicklung (modifiziert nach Scheithauer, Niebank & Petermann, 2000, S. 67)

oder umgebungsbezogenen Faktoren (Risikofaktoren) zugeordnet werden. Im Prozess der kindlichen Entwicklung gibt es darüber hinaus Phasen erhöhter Vulnerabilität – normative Übergänge –, die, wenn sie mit den anderen Risikobelastungen zeitlich einhergehen, das Entwicklungsergebnis des Kindes mit beeinflussen. Gegenüber diesen risikoerhöhenden Bedingungen stehen die schützenden Bedingungen als interne oder externe Ressourcen des Kindes. Dabei können kindbezogene, Resilienz- und umgebungsbezogene Faktoren sowie allgemeine entwicklungsförderliche Bedingungen unterschieden werden. Aus dem Zusammenspiel ergibt sich: Belastungen versus Ressourcen, Anpassung versus Fehlanpassung des Kindes. Erst durch diese Gegenüberstellung von kind- und umgebungsbezogenen Risiko- und Schutz- sowie Resilienz- und Vulnerabilitätsfaktoren kann letztlich eine Aussage über die Belastung des Kindes, seiner Familie und eine Prognose über den möglichen Entwicklungsverlauf getroffen werden (vgl. Scheithauer et al., 2000, S. 86). Je mehr schützende Bedingungen grundsätzlich vorhanden sind, desto höher ist die Wahrscheinlichkeit, dass die Risikosituation erfolgreich bewältigt wird und die Entwicklung des Kindes positiv verläuft. Die Erhöhung von solchen schützenden Bedingungen sowie die Verminderung von Risikoeinflüssen stellen deshalb entscheidende Ziele der Resilienzförderung dar (➛ Kap. 8.1).

4.4 Resilienzmodelle: Zusammenwirken von Risiko- und Schutzbedingungen

Aufbauend auf der Erkenntnis, dass es notwendig ist, die zugrunde liegenden Prozesse und Wirkzusammenhänge zu untersuchen, haben Forscher verschiedene sogenannte Resilienzmodelle vorgeschlagen, die dieses Zusammenspiel von Risikobedingungen und schützenden Bedingungen zu beschreiben versuchen. Dabei handelt es sich um statistische Modelle, in denen risikomildernde Faktoren, risikoerhöhende Faktoren und das Entwicklungsergebnis als voneinander abhängende Elemente einer Gesamtstruktur angesehen werden. Aus diesen Modellaussagen lassen sich grundlegende Anhaltspunkte für Präventions- und Interventionsansätze gewinnen (Garmezy, Masten & Tellegen, 1984; Kaplan, 1999; Luthar & Cushing, 1999; Luthar & Cicchetti, 2000; Masten, 1999, 2001 a; Scheithauer et al., 2000; Werner, 2000; Zimmerman & Arunkumar, 1994).

4.4.1 Modell der Kompensation

Dieses Modell besagt, dass das Ausmaß des risikoerhöhenden Faktors durch den risikomildernden Faktor kompensiert werden kann. Der kompensierende Faktor stellt eine neutralisierende Variable dar. Er interagiert nicht direkt mit der Risikobedingung, sondern hat einen unabhängigen Einfluss auf das Entwicklungsergebnis (➛ Abb. 2). Risikoerhöhender Faktor und protektives Merkmal wirken also gegeneinander und subtraktiv. Genügend viele bzw. starke risikomildernde Faktoren können die Wirkung der Risikobedingung ausgleichen. Dementsprechend lässt sich festhalten: Je mehr risikomildernde Faktoren vorhanden sind, umso besser wird das Entwicklungsergebnis und damit die Bewältigung der Risikosituation sein; je weniger risikomildernde Faktoren vorliegen, umso höher ist die Wahrscheinlichkeit für psychische Beeinträchtigungen.

Beispielsweise kann die sozial-emotionale Unterstützung durch Großeltern oder eine sensitive Haltung der Erziehungsperson (Schutzfaktoren) einem Kind ermöglichen, trotz elterlicher Konflikte (Risikofaktor) emotional ausgeglichen zu sein und als Folge davon gute schulische Leistungen zu erbringen. Ohne das Vorhandensein dieser Schutzfaktoren wäre die Wahrscheinlichkeit höher, dass das Kind Schulprobleme entwickelt, z. B. aufgrund von Konzentrationsschwierigkeiten, mangelnder Hausaufgabenbetreuung oder geringer Aufmerksamkeit von seinen Eltern.

Beim Modell der Kompensation können zwei Formen unterschieden werden, wie risikoerhöhende und risikomildernde Faktoren auf die Entwicklung des Kindes einwirken: das Haupteffekt-Modell und das Mediatoren-Modell.

Das Haupteffekt-Modell

Die risikoerhöhenden und risikomildernden Faktoren wirken *direkt* auf das Entwicklungsergebnis des Kindes ein (➛ Abb. 2; vgl. auch obiges Beispiel; Kaplan, 1999; Luthar & Cicchetti, 2000; Masten, 2001 a). Präventions- und Interventionsmaßnahmen, die sich an dieses Modell anlehnen, zielen auf die Erhöhung von Ressourcen und Schutzfaktoren ab. Hierzu gehört beispielsweise die Förderung kindlicher Kompetenzen wie Problemlösefähigkeiten, Stressbewältigungskompetenzen oder soziale Kompetenzen (➛ Kap. 8).

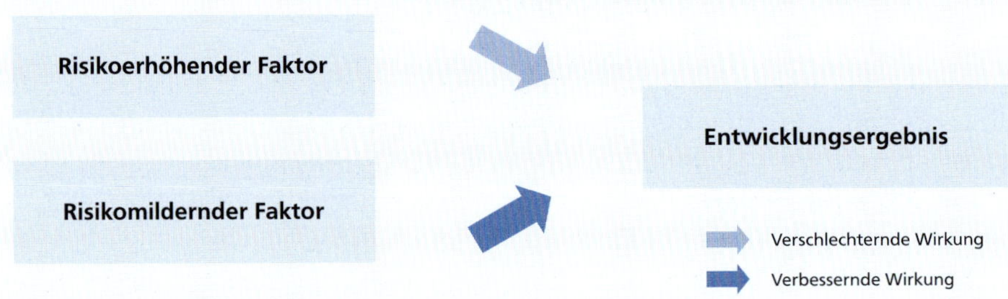

Abb. 2 Haupteffekt-Modell (modifiziert nach Zimmerman & Arunkumar, 1994, S. 5)

Das Mediatoren-Modell

Die risikoerhöhenden und risikomildernden Faktoren wirken *indirekt*, d. h. über einen Mediator auf die Entwicklung des Kindes ein (➛ Abb. 3; Masten, 2001 a). Ein solcher Mediator kann beispielsweise das Elternverhalten darstellen. So kann ein Elterntraining (Schutzfaktoren) die Auswirkungen ungünstiger Kindheitserlebnisse der Eltern (Risikofaktor) ausgleichen, was maßgeblichen Einfluss auf das elterliche Erziehungsverhalten (Mediator) hat und sich somit förderlich für die Entwicklung des Kindes erweist. Das Ausmaß chronischer Armut oder elterlicher Arbeitslosigkeit (Risikofaktoren) kann z. B. durch das Vorhandensein eines sozialen Netzwerkes (Schutzfaktoren) kompensiert werden, wodurch die Eltern (Mediator) sich weniger stark belastet fühlen und aufgrund dessen mehr auf die Bedürfnisse des Kindes eingehen können. Präventions- und Interventionsmaßnahmen, die auf dieser indirekten Wirkung beruhen, konzentrieren sich auf den Mediator, in dem Fall auf die Stärkung der elterlichen Erziehungskompetenzen, z. B. mittels Eltern- und Familienbildungsangeboten oder Beratung (➛ Kap. 8.2.2).

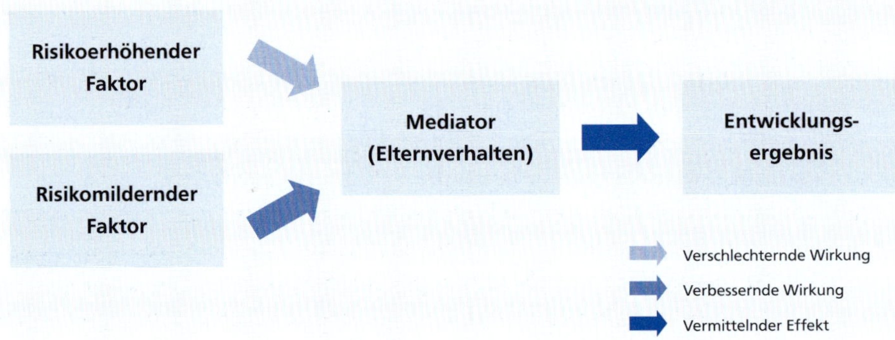

Abb. 3 Mediatoren-Modell (modifiziert nach Masten, 2001 a, S. 230)

4.4.2 Modell der Herausforderung

Bei diesem Resilienzmodell gestaltet sich die Beziehung zwischen risikoerhöhenden Bedingungen und kindlicher Anpassung als eine wechselnde „Kurve“. Risikobedingungen und Stress stellen eine Herausforderung für das Kind dar, bei der es im Verlauf des Bewältigungsprozesses an Kompetenz gewinnt. Voraussetzung dafür ist, dass das Ausmaß an Stress noch moderat ist; denn bei einem zu hohen Stressniveau werden eher Gefühle der Hilflosigkeit ausgelöst. Hat das Kind die Herausforderung erfolgreich gemeistert, hat es Fähigkeiten und Bewältigungsstrategien (➤ Kap. 6) erworben, die ihm für spätere Risikosituationen bzw. zukünftige Problemlösungen sehr hilfreich sind, da es dann auf diese zurückgreifen kann.

Der Eintritt eines kritischen Lebensereignisses bzw. einer Stresssituation (Risikofaktor) löst zunächst Desorientierung und Verunsicherung aus, bis neue Bewältigungsstrategien entwickelt oder alte aktiviert werden können. Der Risikofaktor wird in diesem Zusammenhang als ein potentieller Verstärker für erfolgreiche Anpassungsleistungen betrachtet (Zimmerman & Arunkumar, 1994). D. h. zu geringer Stress fordert das Kind eher weniger heraus.

So stellt die Geburt eines Geschwisters für ein Kind beispielsweise in den ersten beiden Lebensjahren ein kritisches Lebensereignis (kritisches Lebensereignis 1) dar, bei dem es mit neuen Rollenanforderungen konfrontiert wird. Es benötigt Zeit, bis es sich an diese neue Familiensituation gewöhnt hat. Kommt es dann z. B. zwischen seinen Eltern zu immer stärker werdenden Konflikten (kritisches Lebensereignis 2), wird das Kind enorm belastet. Den Auszug des Vaters aus der gemeinsamen Wohnung erlebt es dann fast als Entlastung, da es die Streitigkeiten der Eltern nicht mehr miterleben muss. D. h. das Kind hat seine Anpassungsfähigkeit erhöht. Während der Zeit der elterlichen Konflikte ist die vorhandene Geschwisterbeziehung eine enorme Stütze für das Kind. Es fühlt sich dadurch nicht allein, es kümmert sich sogar sehr intensiv um sein jüngeres Geschwisterkind. Das gemeinsame Spielen ermöglicht ihm, von der schwierigen Familiensituation Abstand zu nehmen. Im Laufe der Zeit hat das Kind somit Bewältigungsstrategien entwickelt und sich daran gewöhnt, zwischen zwei Haushalten (Vater und Mutter) zu „pendeln“. Kurze Zeit später gründet seine Mutter eine Stieffamilie (kritisches Lebensereignis 3), was das Kind erneut verunsichert und mit neuen Bewältigungsaufgaben konfrontiert. Da die Beziehung zum außerhalb lebenden Vater sowie die Geschwisterbeziehung aber davon unbeeinträchtigt bleiben, passt das Kind sich relativ schnell an die neue Familiensituation an (die Anpassung verläuft schneller und besser als bei den elterlichen Konflikten).

Bei diesem Modell geht es vor allem darum, Kinder dahingehend zu fördern, Stress und Risikosituationen als Herausforderung zu betrachten sowie ihnen von früh an ein Repertoire an Coping-Fähigkeiten zu vermitteln, auf die sie im Bedarfsfall zurückgreifen können.

4.4.3 Modell der Interaktion

Bei diesem Modell wird von einer interaktiven Beziehung zwischen risikoerhöhenden und risikomildernden Faktoren ausgegangen (➛ Abb. 4). Der risikomildernde Faktor „moderiert" das Ausmaß der Risikobedingung. Er hat keinen feststellbaren Effekt in Abwesenheit der Risikobelastung. Der risikomildernde Faktor ist also nur dann wirksam, wenn eine Gefährdung vorliegt; ist das nicht der Fall, kommt ihm keine protektive Bedeutung zu. Risikomildernde Faktoren wirken damit nur *indirekt* auf das Entwicklungsergebnis ein. Hierin besteht der Unterschied zum Modell der Kompensation, bei dem die risikomildernden Faktoren direkten Einfluss auf das Entwicklungsergebnis nehmen, d. h. unabhängig von den risikoerhöhenden Faktoren fungieren (➛ Abb. 1).

So konnte beispielsweise empirisch nachgewiesen werden, dass die soziale Unterstützung durch Lehrer sowie außerschulische Aktivitäten für Kinder, die

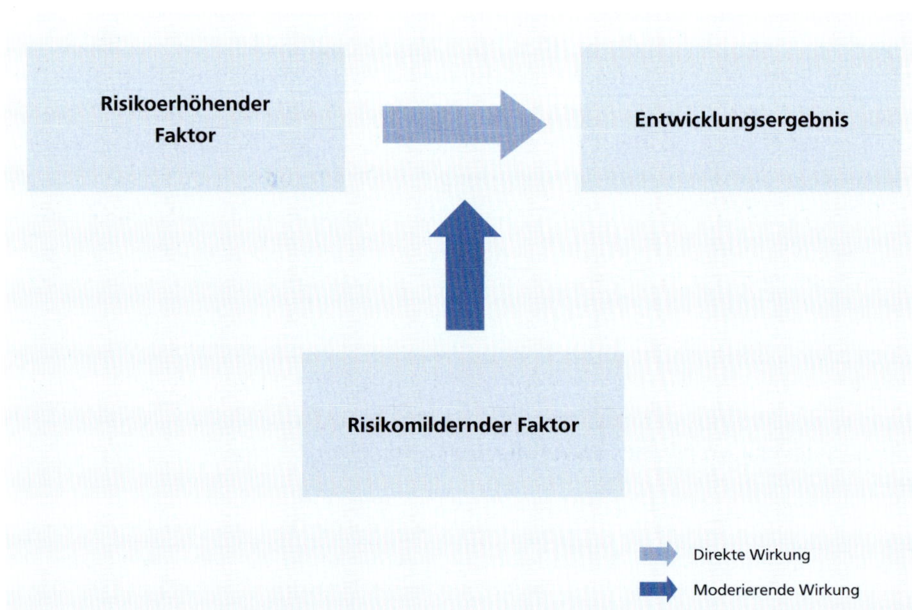

Abb. 4 Modell der Interaktion (modifiziert nach Zimmerman & Arunkumar, 1994, S. 7)

in Heimbetreuung oder in Armut aufwachsen, eine signifikant positive Wirkung in Bezug auf ihre soziale Kompetenz und schulische Leistungsfähigkeit haben (Rutter, 2000). Für Kinder aus risikoarmen Kontexten stellte die soziale Unterstützung durch Lehrer keinen expliziten Schutzfaktor dar.

Präventions- und Interventionsmaßnahmen, die auf diesem Interaktions-Modell beruhen, richten sich daher an konkrete *Risikogruppen von Kindern*, z. B. Scheidungskinder, Kinder mit Migrationshintergrund, Frühgeborene, Kinder aus sozioökonomisch benachteiligten Familien oder Kinder mit Gewalterfahrung. Präventions- und Interventionsangebote können aber auch darin bestehen, die Erziehungspersonen für die Bedürfnisse von solchen „Risikokindern" zu sensibilisieren (z. B. Trennungs- und Scheidungsberatung, Gruppenangebote und Beratung für Eltern mit sogenannten Schreibabys).

4.4.4 Modell der Kumulation

Rutter (1985) schlägt mit dem Modell der Kumulation noch eine Erweiterung des Interaktions-Modells vor: Es besagt, dass sich die Effekte mehrerer risikoerhöhender bzw. mehrerer risikomildernder Faktoren addieren können. Die Belastung ist dann umso größer, je mehr Risikobedingungen und je weniger schützende Bedingungen vorhanden sind; sie verringert sich, je weniger risikoerhöhende Faktoren und je mehr risikomildernde Faktoren vorliegen. Die Anpassung verläuft wesentlich besser, wenn zwei risikomildernde Faktoren vorhanden sind, als wenn nur ein Faktor gegeben ist. So sind beispielsweise Kinder, deren berufstätiger Elternteil verstirbt, nicht nur durch dessen Tod, sondern auch durch die damit häufig verbundene finanzielle Einschränkung und den sinkenden Sozialstatus stark belastet (Niebank & Petermann, 2000). Finanzielle Ressourcen der Familie sowie Unterstützung im sozialen Netzwerk können in diesem Fall z. B. entlastend wirken und das Ausmaß der Einschränkungen verringern.

Die aufgezeigten Modellvorstellungen des Zusammenwirkens von risikoerhöhenden und -mildernden Bedingungen schließen sich nicht gegenseitig aus. Nach Werner (2000) können sie auch gleichzeitig oder nacheinander im Bewältigungsverhalten eines Individuums auftreten.

4.5 Zusammenfassung: Rahmenmodell von Resilienz

Kumpfer (1999) hat versucht im Sinne eines multikausalen Entwicklungsmodells ein Rahmenmodell („Framework“) von Resilienz zu konzipieren, das die Komplexität des Phänomens besonders anschaulich verdeutlicht. Das Modell liefert einen guten Orientierungsrahmen, weil es alle bislang in der Resilienzforschung diskutierten forschungstheoretischen Grundlagen in sich vereint (➛ Abb. 5). Es berücksichtigt insbesondere die beschriebenen dynamischen Prozesse zwischen Merkmalen des Kindes, seiner Lebensumwelt und dem Entwicklungsergebnis.

Kumpfer hebt in dem Modell sechs Dimensionen hervor, die für die Entwicklung von Resilienz bedeutsam sind: Dabei handelt es sich um vier Einflussbereiche (Prädikatoren) und zwei Transaktionsprozesse. Folgende Einflussbereiche liegen dem Modell zugrunde (vgl. auch jeweils die Nummerierung in der Abbildung):

(1) Der **akute Stressor**, der den Resilienzprozess überhaupt erst aktiviert und eine Störung des kindlichen Gleichgewichts auslöst (= Definitionskriterium von Resilienz ➛ Kap. 2); das erlebte Stressniveau wird dabei von der subjektiven Bewertung des Kindes beeinflusst (als Herausforderung, Bedrohung, Verlust ➛ Kap. 6).

(2) **Umweltbedingungen**, die sich auf das Vorhandensein bzw. die Interaktion risikoerhöhender und risikomildernder Bedingungen in der Lebensumwelt des Kindes (in der Familie, in den Bildungsinstitutionen, bei den Peers, im sozialen Umfeld sowie im gesellschaftlichen Kontext) beziehen; die Wirkung der Risiko- und Schutzbedingungen wird dabei von den Variablen Entwicklungsstand und Alter, Geschlecht, soziokultureller Kontext sowie geographischer und zeitgeschichtlicher Hintergrund mit bestimmt; entscheidend ist darüber hinaus eine mögliche Kumulation oder Abfolge im Auftreten von risikoerhöhenden und/oder -mildernden Faktoren.

(3) **Personale Merkmale**, d. h. Kompetenzen und Fähigkeiten des Kindes, die für eine erfolgreiche Bewältigung der Risikosituation förderlich sind (Resilienzfaktoren ➛ Kap. 7.2); sie lassen sich nach Kumpfer den folgenden fünf (sich überlappenden) Bereichen zuordnen: kognitive Fähigkeiten, emotionale Stabilität, soziale Kompetenzen, körperliche Gesundheitsressourcen und

Glaube/Motivation; entscheidende kindbezogene Faktoren sind darüber hinaus Temperamentsmerkmale, Geschlecht und intellektuelle Fähigkeiten.

(4) **Das Entwicklungsergebnis**: Ein positives Entwicklungsergebnis kennzeichnet sich durch den Erhalt und Erwerb altersangemessener Fähigkeiten und Kompetenzen der normalen kindlichen Entwicklung bzw. durch die Abwesenheit psychischer Störungen; ein positives Entwicklungsergebnis gilt darüber hinaus im Sinne eines dynamischen Prozesses als Prädiktor für eine erfolgreiche Bewältigung zukünftiger Stresssituationen.

Als Transaktionsprozesse benennt Kumpfer:

(1) **Das Zusammenspiel von Person und Umwelt**, das von der Person ausgehend z. B. durch selektive Wahrnehmungsprozesse, Attribuierungsmuster, eine aktive Umweltselektion oder die Bindung an soziale Netzwerke beeinflusst wird; von unterstützenden Bezugspersonen wird ein positiver Anpassungsprozess u. a. durch ein positives Modellverhalten, emotionale Unterstützung oder eine empathische Haltung angeregt.

(2) **Das Zusammenspiel von Person und Entwicklungsergebnis** (sogenannter Resilienzprozess); damit sind effektive oder dysfunktionale Bewältigungsprozesse gemeint, die sich letztlich in einem gesteigerten bzw. gleichbleibenden Kompetenzniveau oder aber in maladaptiven Reaktionen äußern; wie und warum es zu den verschiedenen Entwicklungsergebnissen kommt, welche internen Prozesse hier zugrunde liegen, bleibt Gegenstand weiterer Forschung (manche Forscher betrachten diesen Bereich auch als die „black box" des Resilienzphänomens; vgl. Benard, 1999).

Kumpfer weist abschließend darauf hin, dass hinsichtlich der beiden Transaktionsprozesse noch sehr großer Forschungsbedarf besteht. Zu kritisieren ist an dem Modell jedoch, dass es sich ausschließlich auf Risikofaktoren, also auf negative Umwelteinflüsse, nicht auch auf Vulnerabilitätsfaktoren bezieht.

Das vorrangige Ziel zukünftiger Resilienzforschung besteht darin, zu einem einheitlichen forschungsmethodischen Grundlagengerüst zu gelangen, mit dem die vielfältigen, dynamischen Zusammenhänge zwischen Risikokonstellationen und schützenden Bedingungen abgebildet werden können.

Bislang weist das Resilienzkonzept auf Grund seiner Komplexität noch einige methodische Probleme bzw. Schwachstellen auf. Dies betrifft insbesondere das Fehlen:

- einer einheitlichen, klaren Terminologie;
- einheitlicher methodischer Zugänge, z. B. im Hinblick darauf, was unter resilientem Verhalten bzw. einer erfolgreichen, positiven Anpassung verstanden und im Untersuchungsdesign berücksichtigt wird (einige Forscher definieren das in ihrer Untersuchung als die Abwesenheit psychischer Störungen, andere beziehen sich auf bestimmte Kompetenzkriterien, welche an altersspezifischen Entwicklungsaufgaben festgemacht werden, wieder andere sehen darin das „blanke Überleben" oder schließen alle drei Kriterien in ihre Untersuchung mit ein)[14];
- einer Theorie mit erklärendem, nicht nur beschreibendem Anspruch (einen kritischen Überblick über die verschiedenen Definitionsversuche und methodischen Ansätze geben z. B. Kaplan, 1999; Luthar & Cicchetti, 2000; Luthar et al., 2000; Rutter, 2000).

Die konzeptionellen Unterschiede führen dazu, dass sich die empirische Befundlage mitunter schwer zusammenfassen lässt und Ergebnisse einzelner Untersuchungen kaum vergleichbar sind. Diese Aspekte stellen für einige Wissenschaftler entscheidende Angriffsflächen an dem Resilienzkonzept dar (vgl. z. B. Glantz & Sloboda, 1999; Masten, 1999; Tarter & Vanyukov, 1999; Windle, 1999). Abgesehen davon ist man sich aber prinzipiell darüber einig, dass es notwendig ist, dem Resilienz*phänomen* genauer auf den Grund zu gehen. Julius und Prater (1996) merken hierzu an: „Im Gegensatz zur Erforschung der pathogenen Wirkung von Risikofaktoren steckt die Erforschung des Resilienzphänomens noch in den Kinderschuhen. So ist es nicht verwunderlich, daß dieser Forschungsbereich noch viele methodische Probleme und Schwächen aufweist" (S. 230).

14 Entsprechend heterogen fallen die Ergebnisse der Untersuchungen aus. Was eine „erfolgreiche, positive" Anpassung definiert, unterliegt nicht zuletzt auch historischen, kulturellen und entwicklungsbedingten Veränderungen.

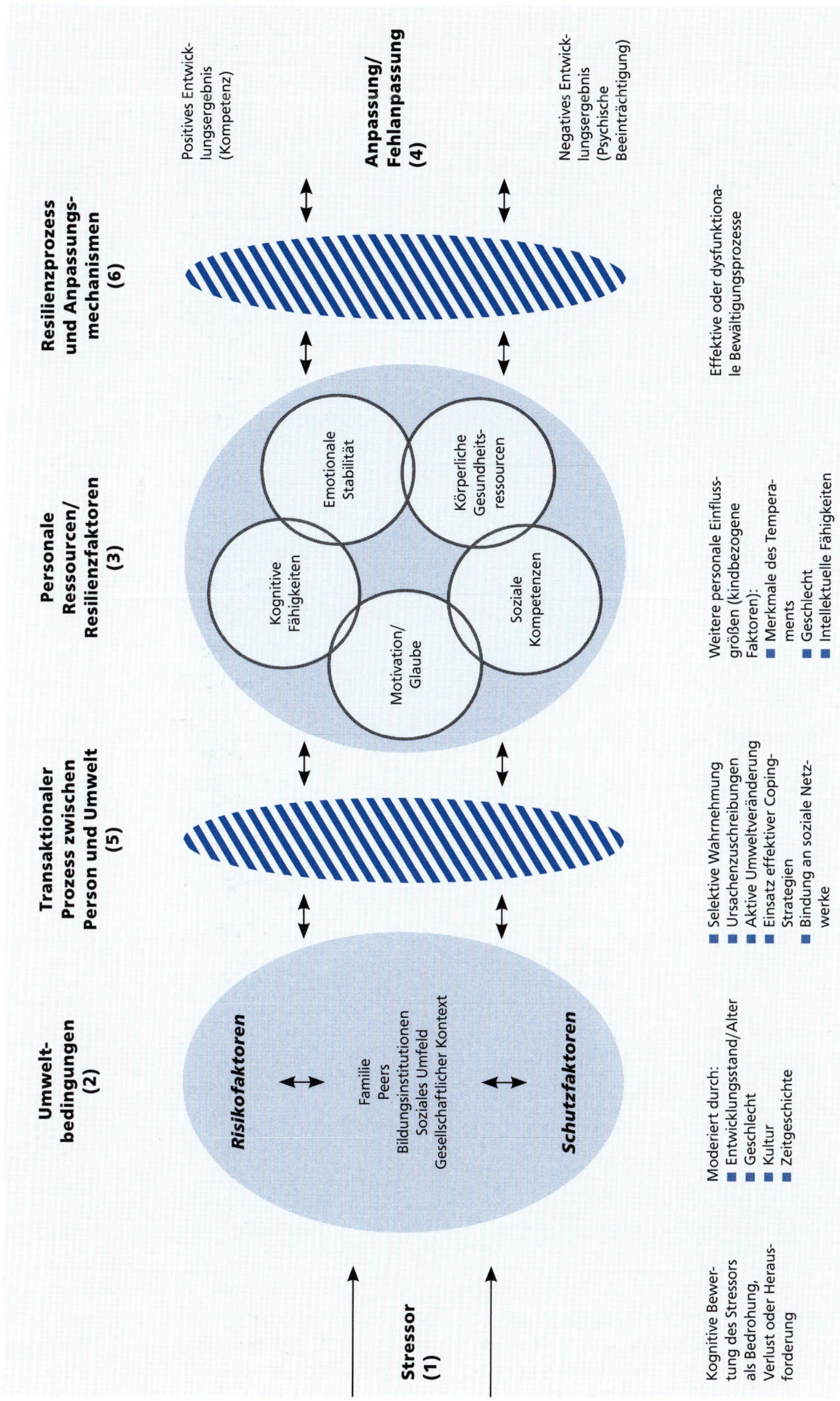

Abb. 5 Rahmenmodell von Resilienz (modifiziert nach Kumpfer, 1999, S. 185)

5

Zentrale Kennzeichen des Resilienzparadigmas

Was macht nun das Besondere bzw. Neue an der Resilienzforschung aus? Ungeachtet der methodischen und terminologischen Unklarheiten und damit einhergehender Kontroversen im Forschungsfeld lassen sich hierzu folgende zentrale Kennzeichen des Resilienzparadigmas resümieren:

5.1 Fokus auf erfolgreicher Bewältigung, Kompetenzen und Stärken

Das Konzept der Resilienz legt den Fokus auf die Bewältigung von Risikobedingungen und -situationen (Luthar & Cicchetti, 2000; Rutter, 2000). Es interessieren nicht mehr nur Anpassungs- und Bewältigungs„probleme“, sondern schwerwiegende Lebensbedingungen und -ereignisse beinhalten auch die Chance einer neuen Lebensgestaltung und persönlichen Weiterentwicklung (z. B. durch Zuwachs an Fähigkeiten und Fertigkeiten, den Aufbau neuen Wissens, neuer Haltungen oder neuer Sozialbeziehungen). So können aus bewältigten Lebensereignissen neue, dem Kind zukünftig zur Verfügung stehende individuelle und soziale Ressourcen entstehen (Scheithauer & Petermann, 1999; Wyman et al., 2000).

Das Konzept der Resilienz ist damit nicht defizitorientiert, sondern richtet sich auf die Fähigkeiten, Potentiale und Ressourcen jedes einzelnen Kindes (Luthar & Cicchetti, 2000), ohne dabei Probleme zu ignorieren oder zu unterschätzen (Empowerment- bzw. Kompetenz-Ansatz). Von Interesse ist insbesondere, wie individuell mit Stress bzw. Stressbewältigung umgegangen wird und wie Bewältigungskapazitäten aufgebaut bzw. gefördert werden können. Der Vorteil des Resilienzparadigmas liegt also darin, dass es grundsätzlich danach fragt, *was Kinder „stärkt“*.

Diese Betrachtungsweise eröffnet die Chance, das langjährige „reparaturorientierte“ Förderverständnis zu überwinden und stattdessen eher nach den individuellen „Selbstkorrekturkräften“ zu suchen, die dann auch den Ausgangspunkt professionellen Handelns darstellen (Freytag, 1999). Opp et al. (1999) resümieren diesen Perspektivenwandel wie folgt: „Es ist vor allem die Vorstellung schützender Qualitäten über die jedes Individuum verfügt und schützender Ressourcen, die es auch in hochriskanten Umwelten gibt, die positive auf die individuelle Stärkung der Kinder ausgerichtete Erziehungsmaßnahmen und Hilfen bestimmen. Daraus wächst ein realistisch-optimistischer Blick auf moderne pädagogische Herausforderungen. In schwierigen Zeiten und angesichts der Folgen rasanter gesellschaftlicher Umbrüche können Pädagogen und Heilpädagogen auf diesen Optimismus immer weniger verzichten“ (S. 19 f).

5.2 Fokus auf Eigenaktivität

Das Resilienzparadigma beinhaltet in besonderem Maß die Sichtweise vom Kind als aktivem „Bewältiger“ und Mitgestalter seines eigenen Lebens, z. B. durch den effektiven Gebrauch seiner internen und externen Ressourcen (Egeland et al., 1993; Rosenfeld et al., 2001; Rutter, 1985, 1999; Werner, 2000). Im Vordergrund steht also nicht „die Vorstellung vom Kind als bloß passivem Prägeprodukt äußerer Einflüsse“ (Göppel, 1999, S. 177). Fingerle (1999) merkt hierzu an: „Der Reiz der Resilienzforschung rührt vielleicht nicht zuletzt daher, daß sie die Beschützerrolle zumindest zum Teil auf die Kinder selbst überträgt. Mehr als in vielen anderen Forschungszweigen bestimmt hier die Vorstellung von Kindern als aktiven Gestaltern ihres Schicksals das Bild“ (S. 94).

In diesem Zusammenhang wird aber auch betont, dass Kinder sich natürlich nicht selbst dauerhaft „resilient machen können“, sondern hierzu auch maßgeblicher Hilfe und Unterstützung durch andere bedürfen (Grotberg, 1995; Luthar & Cicchetti, 2000). Denn Kinder sind viel stärker von ihrer Lebensumwelt abhängig als Erwachsene und aufgrund dessen wesentlich mehr auf stützende Systeme angewiesen. Im Vergleich zu Erwachsenen haben sie weniger Erfahrung mit Stressoren und können oftmals ihre eigenen Ressourcen nur vage einschätzen. Auch betreffen kindliche Stressoren zumeist familiäre oder sozioökonomische Aspekte, die ohnehin außerhalb ihrer eigenen Handlungsmöglichkeiten liegen. Darüber hinaus stehen ihnen nicht die gleichen Coping-Strategien zur Verfügung wie Erwachsenen, da einige für sie mit Sanktionen verbunden sind, die bei Erwachsenen allerdings gebilligt werden (Klein-Heßling & Lohaus, 2000). So sind beispielsweise Tagträume, mit denen eine entspannende Wirkung verbunden sein kann, während des Schulunterrichts wenig erwünscht. Auch verbieten sich dort bestimmte Vermeidungsstrategien, wie die Situation zu verlassen oder die Leistung zu verweigern, die aber von Erwachsenen potentiell zur Belastungsregulation eingesetzt werden können.

Die Ausführungen zeigen, wie wichtig es ist, Kinder schon im frühen Kindesalter an aktive und konstruktive Formen der Stress- und Problembewältigung heranzuführen. Denn damit kann einer generalisierten Selbstzuschreibung von Inkompetenz sowie einer kognitiven Repräsentanz von Hilflosigkeit entgegenwirkt werden.

Seligman (1979) weist bei seinem **Modell der „erlernten Hilflosigkeit"** darauf hin, dass die wiederholte Erfahrung unkontrollierbarer Ereignisse hilflos macht und Individuen, die unkontrollierbare Situationen erlebt haben, dazu neigen, diese Hilflosigkeitserfahrung auch auf andere Lebensbereiche und Aufgaben zu übertragen (Generalisierungseffekt der Hilflosigkeitserfahrung; vgl. Petermann et al., 1998). Anforderungen, die vorher erfolgreich bewältigt wurden, werden sodann als unüberwindbare Belastungen empfunden.

Wenn ein Kind also immer wieder die Erfahrung macht, dass es keine Veränderungen bewirken kann, dass seine Handlungen nicht die gewünschten Effekte erzielen und dass es Ereignisse nicht kontrollieren kann (Selbstwirksamkeits- und Kontrollüberzeugungen → Kap. 7.2), entsteht ein Gefühl der Hilflosigkeit. Das Kind wird dann auch tatsächlich kontrollierbare Ereignisse als unkontrollierbar erleben und eine generalisierte Erwartung der Nicht-Kontrollierbarkeit von Ereignissen aufbauen – es „lernt" somit Hilflosigkeit.

Laut Seligman kommt Hilflosigkeit in folgenden drei Symptomen zum Ausdruck:

- Kognitiv: Das Kind nimmt tatsächlich kontrollierbare Ereignisse zunehmend als nicht-kontrollierbar wahr.
- Motivational: Es kommt zu einer Verminderung der Bereitschaft, Einfluss nehmen zu wollen; das Kind unternimmt gar nicht mehr den Versuch, seine Fähigkeiten zu erproben.
- Emotional: Es entstehen Gefühle von Resignation, Hilflosigkeit bzw. Hoffnungslosigkeit; das Kind ist generell davon überzeugt, dass Situationen und Ereignisse außerhalb eigener Kontrollmöglichkeiten liegen.

Im Mittelpunkt der Resilienzforschung steht deshalb eine stärkere Betonung *primärer Prävention*[15] – gemäß dem Leitprinzip „So früh wie möglich!". Hier-

15 Präventionsformen werden zumeist hinsichtlich des Zeitpunktes der Intervention unterschieden: *Primäre Prävention* verhindert eine Störung, bevor sie auftritt (eigentliche „Prävention" im Vor-

zu gehört die Förderung wichtiger Resilienzfaktoren wie z. B. Problemlösefähigkeiten, Selbstwirksamkeitsüberzeugungen und positive Selbsteinschätzung (➛ Kap. 7.2). Zentral ist außerdem die Stärkung der Motivation zur Bewältigung von Herausforderungen: Kinder sollen insbesondere erkennen, dass sie selbst aktiv zur Bewältigung von Stress- und Problemsituationen beitragen können und nicht in passiver Hilflosigkeit verharren müssen. Dazu müssen sie lernen, sich selbständig Hilfe zu holen sowie ihre eigenen Ressourcen realistisch wahrzunehmen und dann problem- und situationsgerecht einzusetzen. Auf diesem Wege wird ihre positive Selbstzuschreibung von Bewältigungsmöglichkeiten effektiv gestärkt, und dies führt wiederum zu einer positiveren Einschätzung der Stress- und Risikosituation selbst, indem diese dann weniger als belastend und bedrohlich, sondern vielmehr als *herausfordernd* erlebt wird (➛ Kap. 6).

Ein großer Bestand an Coping-Fähigkeiten und sozialen Ressourcen trägt somit zu einer aktiven, konstruktiven und erfolgreichen Auseinandersetzung mit der Risikosituation bei und stellt insofern ein wesentliches Präventionsziel der Resilienzforschung dar (➛ Kap. 8). Denn ein effektives Bewältigungshandeln ist mit adaptiven Lernprozessen verknüpft, die auch einen Zugewinn an Kompetenzen für zukünftige Belastungssituationen erwarten lassen. Frühzeitige Präventionsansätze können so verhindern, dass unangemessene Bewältigungswege beschritten und stabilisiert werden, die den Umgang mit Belastungen in späteren Entwicklungsabschnitten erschweren. Zu diesen Präventions- und Interventionszielen können die familialen und außerfamilialen Bildungs- und Erziehungskontexte einen wichtigen Beitrag leisten. Sie können

- frühzeitig auf die Förderung von solchen Resilienzfaktoren bzw. Basiskompetenzen fokussieren,
- Kindern wirksame Handlungsmöglichkeiten aufzeigen, wie sie mit Stresssituationen umgehen können und
- ihnen Stabilität und Sicherheit vermitteln (➛ Kap. 8).

feld, d. h. Vermeidung von Beeinträchtigungen des Wohlbefindens). *Sekundäre Prävention* hat zum Ziel, die Auswirkungen einer bereits vorhandenen Störung durch frühes Erkennen und Behandeln zu verringern, d. h. den ursprünglichen Zustand des Wohlbefindens wiederherzustellen (Intervention). Mit *tertiärer Prävention* soll verhindert werden, dass eine manifeste Störung zu langfristigen Beeinträchtigungen führt bzw. zusätzliche Belastungen durch negative Folgezustände auftreten (Behandlung/Rehabilitation; Petermann et al., 1998). Primärpräventive Programme können spezifisch für Risikokinder oder breit angelegt sein – in der Regel sind sie unspezifisch und zielen auf die Reduzierung allgemeiner Stressbelastung von Kindern ab (Petermann, 2000; Petermann et al., 1998).

Zusammenfassung:

Das Resilienzparadigma impliziert einen Perspektivenwechsel weg von einem Defizit-Modell hin zu einem Ressourcen- bzw. Kompetenz-Modell. Dabei geht es nicht nur darum, Risikokinder ausfindig zu machen bzw. zu erkennen, welche Faktoren und Bedingungen diese Kinder vor einer ungünstigen Entwicklung schützen können. Ziel ist es auch bzw. insbesondere, „alle" Kinder im Hinblick auf zukünftige Belastungssituationen noch stärker zu machen (primärpräventiver Aspekt).

Von den Stärken und Widerstandskräften der Kinder auszugehen, heißt dabei nicht, die individuellen Risikolagen kindlicher Entwicklung, die spürbare Zunahme solcher Gefährdungen sowie die gesellschaftliche Bedeutung dieser Problemlagen zu verharmlosen. Der Hauptansatzpunkt der Resilienzforschung ist vielmehr darin begründet, dass auch die widerstandsfähigsten Kinder moderne Risikolagen nicht allein aus ihren Stärken heraus bewältigen können, sondern Hilfestellung und Unterstützung brauchen. Und genau auf diesen Aspekt haben Bildungs- und Erziehungskontexte zukünftig nachhaltiger zu reagieren.

6

Exkurs: Coping und Coping-Strategien

In den folgenden Ausführungen wird der Begriff des „Coping“ sowie die Bedeutung und Einordnung von effektiven Coping-Strategien vorgestellt.

6.1 Zum Begriff „Coping“

Der Begriff Coping ist eng mit dem *transaktionalen Stresskonzept* von Lazarus und Mitarbeitern verbunden (z. B. Lazarus & Folkman, 1984; Lazarus & Launier, 1981). Darin definieren die Autoren Stress wie folgt: „Psychologischer Streß bezieht sich auf eine Beziehung mit der Umwelt, die vom Individuum im Hinblick auf sein Wohlergehen als bedeutsam bewertet wird, aber zugleich Anforderungen an das Individuum stellt, die dessen Bewältigungsmöglichkeiten beanspruchen oder überfordern“ (Lazarus & Folkman, 1986, zitiert nach Hampel & Petermann, 1998, S. 2). Transaktion bezieht sich nach den Autoren auf die wechselseitige Person-Umwelt-Interaktion, in der sowohl die Person aktiv handelnd auf die Umwelt einwirkt als auch die Umwelt auf das Verhalten der Person (Hampel & Petermann, 1998).

Unter Coping verstehen Lazarus und Launier (1981) „(...) jene verhaltensorientierten und intrapsychischen Anstrengungen, mit umweltbedingten und internen Anforderungen fertig zu werden, das heißt, sie zu meistern, zu tolerieren, zu reduzieren oder zu minimieren“ (S. 244). Das Bewältigungsverhalten hat dabei folgende Hauptaufgaben:

- den schädigenden Einfluss von Umweltbedingungen zu verringern,
- Gegebenheiten für Erholung zu verbessern,
- emotionales Wohlbefinden und Sozialbeziehungen aufrecht zu erhalten sowie
- ein positives Selbstbild zu sichern.

Coping ist somit „(...) die Summe aller problemlösenden Anstrengungen einer Person, die sich in einer bedeutsamen, gleichwohl ihre individuellen Anpassungskapazitäten überfordernden Lage befindet“ (Lazarus & Launier, S. 244). Der Begriff meint also ein prozessuales Geschehen, bei dem der Versuch unternommen wird, mit belastenden Situationen emotional, kognitiv und handelnd umzugehen.

Dem Coping-Prozess liegen zwei subjektive Bewertungsprozesse zugrunde:
(1) die Einschätzung der Bedeutung des Stressereignisses (als Herausforderung, Bedrohung, Verlust/Schaden) sowie der Vergleich mit bisherigen Erfahrungen in ähnlichen Situationen (Ereigniseinschätzung),

(2) die Einschätzung der eigenen Handlungs-/Bewältigungs- und Kontrollmöglichkeiten gegenüber der Risikosituation, worauf eine Auswahl und Anwendung von Bewältigungsstrategien erfolgt (Ressourceneinschätzung).

Ob eine Person eine Situation als bedrohlich oder herausfordernd bewertet, hängt im Wesentlichen davon ab, ob sie überzeugt ist, sie bewältigen zu können: Erwartet sie, daran zu scheitern, wird sie Angst erleben und diese Situation meiden; erwartet sie dagegen eine erfolgreiche Bewältigung, ist ihre Motivation zur positiven Bewältigung der Belastungssituation erhöht (vgl. Hampel & Petermann, 1998, S. 4). Die Ereigniseinschätzung bezieht sich dabei überwiegend auf Informationen aus der Umwelt, die Ressourceneinschätzung hingegen auf die Merkmale der Person (wie z.B. ihre Kompetenzen, Wertvorstellungen, Ziele, Überzeugungen) sowie auf die Verfügbarkeit sozialer Unterstützung. Die Stresssituation gewinnt somit ihre Bedeutung erst durch das Selbstbild des Individuums hinsichtlich seiner eigenen Handlungskompetenzen und Kontrollmöglichkeiten (Holtz, 2000).

6.2 Coping-Strategien

Als Bewältigungs- bzw. Coping-Strategien werden die konkreten Handlungsabsichten und -sequenzen bezeichnet, mit denen auf eine bedrohliche Situation reagiert wird. Sie lassen sich danach unterscheiden, ob sie dafür eingesetzt werden, ein Stressereignis zu vermeiden – *defensive* Coping-Strategien – oder sich mit ihm auseinander zu setzen – *aktive* Coping-Strategien. Des weiteren können sie hinsichtlich ihrer Funktion differenziert werden: So können sie eine *problemlösende* oder eine *emotionsregulierende* Funktion ausüben (Klein-Heßling & Lohaus, 2000). Problemorientierte Coping-Strategien konzentrieren sich direkt auf das Problem, das zu lösen ist, bzw. auf die Bedingungen, die den Stress verursacht haben – sie beinhalten also einen direkten Umgang mit dem Stressor. Problemzentrierte Coping-Strategien beziehen sich auf die konkrete Veränderung:

- der *Umwelt* (d.h. Veränderung situativer Merkmale, z.B. durch eine Umorganisation des Umfeldes oder durch Ändern des Tagesablaufes),
- des eigenen *Verhaltens* (Veränderung der Person-Merkmale, d.h. die Person passt sich an die Umwelt an, z.B. durch Erwerb neuer Fertigkeiten, Ändern von Gewohnheiten und Zielen, Suche nach Gesprächen mit anderen oder durch positive Selbstinstruktionen),

- der *Bewertungsprozesse* der Person in einer Situation (z. B. Ändern von Wahrnehmungs-/Interpretationsmustern).

Emotionsorientierte Strategien zielen nicht auf die Veränderung der stressreichen Situation ab – beeinflussen also nicht direkt den Stressor –, sondern dienen vielmehr der Kontrolle bzw. Regulierung der somatischen und emotionalen Reaktionen. Beispiele dafür sind: sich abreagieren, sich entspannen, träumen oder seinen Ärger zum Ausdruck bringen. Hierbei handelt es sich eher um Strategien der Heilung als der Problemlösung: d. h. Bewältigungsstrategien, die auf den Schutz des Selbst gerichtet sind (Zimbardo, 1995).

Ob problemorientiertes oder emotionsregulierendes Coping angemessen ist, hängt im Wesentlichen davon ab, wie kontrollierbar die Stresssituation eingeschätzt wird. So scheinen in gut kontrollierbaren Situationen problemlösende Strategien, in wenig kontrollierbaren Situationen dagegen emotionsregulierende Strategien effektiver zu sein (Hoffner, 1993). Viele Kinder haben aber gerade bei dieser Einschätzung der Kontrollierbarkeit der Situation große Schwierigkeiten (Klein-Heßling & Lohaus, 2000).

Befunde zum Einsatz von Bewältigungsmaßnahmen in Abhängigkeit vom Alter der Kinder zeigen darüber hinaus, dass sich emotionsregulierende Strategien erst im Verlauf der Entwicklung – v. a. von der späten Kindheit bis zum mittleren Jugendalter – herausbilden; jüngere Kinder tendieren somit eher zu problemorientierten Bewältigungsstrategien (Hampel & Petermann, 1998, 2001). Die Rolle emotionsregulierender Coping-Strategien nimmt also mit steigendem Alter zu. Die problemzentrierte Bewältigung scheint dagegen schon wesentlich früher stabil zu sein.

Tab. 5 soll zunächst einen Eindruck über das breite Spektrum möglicher Bewältigungsstrategien vermitteln: Darin werden Kategorien von Coping-Strategien mit ihren dazugehörenden, beispielhaften Reaktionsformen vorgestellt.

Kategorie	Repräsentative Strategien
Aggressive Aktivitäten	Etwas zerstören Sich streiten
Vermeidendes Verhalten	Schlafen Die Situation verlassen
Ablenkendes Verhalten	Etwas anders tun Spielen

Kategorie	Repräsentative Strategien
Vermeidende Kognitionen	Ein Problem leugnen Ignorieren
Ablenkende Kognitionen	Sich visuell ablenken Humor
Problemlösen	Lernen Nachdenken
Kognitive Umstrukturierung	Positiv denken An Belohnung denken
Emotionaler Ausdruck	Weinen Sich abreagieren
Ertragen	Sich Furcht aussetzen Sich fügen
Informationssuche	Untersuchen Fragen
Rückzug	Eine Auszeit nehmen Woanders hingehen
Selbstkontrolle	Sich entspannen
Soziale Unterstützung	Mit Freunden oder mit den Eltern sprechen
Spirituelle Unterstützung	Beten
Veränderung des Stressors	Kompromiss vorschlagen Die Situation ändern

Tab. 5 Klassifizierung von Coping-Strategien (Ryan-Wenger, 1992, zit. nach Klein-Heßling & Lohaus, 2000, S. 12)

Nicht alle Bewältigungsversuche erweisen sich als erfolgreich oder führen zur Linderung von Stress. Inadäquate Bewältigungsversuche können die Lage mitunter eher verschlimmern und zur Akkumulation von Stressoren beitragen. Als dysfunktionale Coping-Strategien gelten z.B. die Vermeidung der Situation, Verleugnung, negative Selbstverbalisation, Gewaltanwendung oder Drogenkonsum. Als effektiv werden dagegen von Lazarus und Folkman (1984) folgende fünf Coping-*Formen* angesehen, indem sie die Verarbeitung der Stress- und Risikosituation begünstigen:

- Informationssuche (als Grundlage zur Neueinschätzung der stressreichen Situation oder zur Auswahl bestimmter Coping-Strategien),

- direkte Aktion (zur Linderung der Stresssituation sowie zur Bewältigung konkreter Aufgabenstellungen, d.h. Verhaltensweisen, mittels derer eine Person versucht, belastende Ereignisse in den Griff zu bekommen),
- Aktionshemmung (zum Unterdrücken bestimmter Handlungen, welche die Situation möglicherweise verschlechtern würden, zugunsten effektiverer Verhaltensweisen),
- intrapsychische Bewältigungsformen (zur Regulation von Emotionen, z.B. emotionale Distanzierung, Rationalisierung),
- Suche nach sozialer Unterstützung (aktives Aufsuchen sowie Inanspruchnahme von Unterstützung durch andere).[16]

In ihrem „Anti-Stress-Training für Kinder“ benennen Hampel und Petermann (1998) günstige und ungünstige Stressbewältigungsstrategien für Kinder, die sie weiterführend in „kindgerechte Regeln“ übersetzten (➛ Tab. 6 und 7). Im Laufe des Trainings werden die Kinder an die günstigen Bewältigungsmaßnahmen herangeführt. Die stressvermehrenden Eigenschaften der ungünstigen Bewältigungsstrategien werden darüber hinaus mit ihnen besprochen. Dabei kommt den Coping-Strategien Bagatellisierung, Ablenkung, Reaktionskontrolle, Entspannung und Erholung eine emotionsregulierende Bewältigungsfunktion zu; Situationskontrolle, positive Selbstinstruktion und Leugnen gelten dagegen als problembezogene Bewältigungsmaßnahmen.

Coping-Strategie	Regel im Anti-Stress-Training
Bagatellisierung	Alles halb so schlimm!
Ablenkung	Ich denke an etwas anderes!
Situationskontrolle	Erst einmal einen Plan machen!
Reaktionskontrolle	Ich muss mich erst mal in den Griff kriegen!
Entspannung	Ich entspanne mich erst mal!
Positive Selbstinstruktion	Ich mache mir Mut!
Suche nach sozialer Unterstützung	Ich bitte jemanden um Hilfe!
Leugnen	Ich habe doch keinen Stress!
Erholung	Nach einer Pause geht alles besser!

Tab. 6 Günstige/effektive Stressbewältigungsstrategien („Stresskiller“) des Anti-Stress-Trainings für Kinder (vgl. Hampel & Petermann, 1998, S. 29)

16 Soziale Unterstützung ist nicht nur durch das bloße Vorhandensein von Freundschaften und häufigen sozialen Kontakten gewährleistet, entscheidend ist vielmehr die Qualität und Zufriedenheit des Individuums mit den Beziehungen sowie die Eigenschaft der Person, diese soziale Unterstützung auch zu mobilisieren.

Coping-Strategie	Regel im Anti-Stress-Training
Vermeidung	Ich gehe dem Stress lieber aus dem Weg!
Flucht	Nichts wie weg!
Soziale Abkapselung	Ich igel mich ein!
Gedankliche Weiterbeschäftigung	Ich grüble ständig über das Problem!
Resignation	Ich schaffe das nie!
Aggression	Ich gehe erst mal in die Luft![17]

Tab. 7 Ungünstige/ineffektive Stressbewältigungsstrategien („Mega-Stresser") des Anti-Stress-Trainings für Kinder (vgl. Hampel & Petermann, 1998, S. 30)

Brenner (1984) klassifiziert neun Coping-Strategien bei Kindern und Jugendlichen. Dabei unterscheidet er fünf aktive und vier defensive Coping-Strategien. Zu den aktiven zählen folgende:

- *Altruismus*: Das Kind versucht, anderen Personen wie den Eltern oder Geschwistern zu helfen; diese Helferrolle gibt ihm das Gefühl, für andere nützlich zu sein.
- *Humor*: Humorvolles Verhalten kann dabei helfen, in der Auseinandersetzung mit der Situation die eigenen Probleme nicht zu ernst zu nehmen; Humor kann jedoch nicht immer als nützliche Problemlösestrategie angesehen werden; entwickeln Kinder dieses Verhalten zu stark, kann die Gefahr bestehen, dass die Ernsthaftigkeit ihrer Situation von anderen nicht als solche wahrgenommen wird.
- *Unterdrückung*: Die Unterdrückung negativer Gefühle hilft dem Kind, seine Ängste für eine bestimmte Zeit zu verdrängen; während dieser Zeit kann es sich schützen und neue Kräfte sammeln, bis es erneut mit der Risikosituation konfrontiert wird; ein außerfamilialer Raum wie in Kindertageseinrichtungen oder in der Schule kann dem Kind hier z. B. die Möglichkeit bieten, seine Probleme auch zeitweilig einmal zu vergessen.
- *Antizipation*: Das Kind versucht, die nächste stressreiche Episode vorauszusehen, sich nicht mehr überraschen zu lassen, um sich angemessener darauf einstellen zu können; es kann also schon eigene Bewältigungsstrategien überlegen und planen; diese Coping-Strategie hängt jedoch stark vom Alter ab.
- *Sublimierung*: Sublimierung meint die Befriedigung nicht erfüllbarer Bedürfnisse durch Ersatzhandlungen; so kann das Kind z. B. über Spiel, Hob-

17 In Bezug auf Aggression erscheint folgendes Beispiel jedoch als angemessener: „Ich haue auf den Tisch!"

bys oder Interessen seiner Angst, Wut und Verzweiflung begegnen, worüber es innere Befriedigung erhält und seine Stressbelastung kompensieren kann.

Bei akuter Stressbelastung neigen Kinder allerdings eher zu defensiven Bewältigungsstrategien, um sich in dieser Zeit zu schützen. Sie sind wichtig für die Kurzzeit-Anpassung, um das Erlebte zu verkraften, da sie z. B. die Möglichkeit zur Regeneration und Wiederherstellung der Handlungsfähigkeit beinhalten; sie eignen sich jedoch weniger als dauerhafte Bewältigungsstrategien für die Langzeit-Anpassung. Folgende Coping-Strategien werden von Brenner als defensiv beschrieben:

- *Verleugnung oder Ablehnung des Stressereignisses*: Das Kind verhält sich so, als sei nichts geschehen.
- *Regression*: Unter Regression werden solche Verhaltensweisen verstanden, die einen altersungemäßen Entwicklungsrückschritt darstellen; das Kind zeigt z. B. ein abhängiges, forderndes Verhalten, um mehr Zuwendung und Fürsorge zu erhalten, wodurch der Risikofaktor als weniger belastend erlebt wird.
- *Rückzug*: Das Kind zieht sich zurück, wird sehr still und flüchtet in Tagträume.
- *Impulsives Ausagieren*: Das Kind verbirgt seine Probleme dadurch, dass es andere durch sein Verhalten verärgert, um auf diese Weise mehr Zuwendung zu erhalten; impulsives Ausagieren kann als Suche nach mehr Aufmerksamkeit oder als Flucht vor der Auseinandersetzung mit der Situation verstanden werden.

Zusammenfassung:

Aufgrund verschiedener situationaler Anforderungen gibt es keine generell erfolgreiche, allgemeingültige „Standard-Coping-Strategie" (Ruppert, 2002). Welche Bewältigungsstrategie erfolgreich ist, ist von Fall zu Fall verschieden. Eine klare Aussage darüber, ob die in einem bestimmten Kontext angemessene Bewältigungsstrategie beispielsweise auch in späteren Entwicklungsabschnitten oder in anderen Situationen förderlich sein wird, ist nicht eindeutig möglich. Eine erfolgreiche, effektive Stressbewältigung setzt deshalb die Verfügbarkeit eines breiten Repertoires an Coping-Strategien voraus, die situationsgerecht, d. h. je nach Belastungskonstellation *flexibel* eingesetzt werden können (Lohaus & Klein-Heßling, 1999).

7

Empirische Forschungsbefunde

Was genau kennzeichnet widerstandsfähige Kinder, dass sie sich im Vergleich zu anderen Kindern trotz ihres hohen Risikopotentials zu kompetenten und leistungsfähigen Erwachsenen entwickeln können? Welche protektiven Merkmale konnten hierzu empirisch ermittelt werden?

Obwohl es große Unterschiede in den jeweiligen Risikobelastungen und methodischen Vorgehensweisen der Untersuchungen gibt – z. B. bezüglich ihrer Stichprobe, der Methodenauswahl, den untersuchten Problemfeldern, den Datenquellen oder den Kriterien, was überhaupt eine „erfolgreiche“ Anpassung bzw. resilientes Verhalten kennzeichnet (➛ Kap. 4.5) – kamen dennoch viele Forscher zu relativ übereinstimmenden Befunden hinsichtlich jener Faktoren, die Resilienz charakterisieren bzw. an der Entstehung maßgeblich beteiligt sind. Zusammenfassend lassen sich diese Ergebnisse den drei beschriebenen Einflussebenen zuordnen:

- Merkmale des Kindes,
- Merkmale seiner Familie und
- Merkmale des sozialen Umfeldes (➛ Kap. 4.2).

Bevor auf die empirischen Befunde hierzu näher eingegangen wird, werden zunächst drei ausgewählte Studien zu Resilienz detaillierter vorgestellt.

7.1 Studien aus dem Bereich der Risiko- und Resilienzforschung

Als bedeutsame Untersuchungen zu Resilienz können insbesondere die „Kauai-Längsschnittstudie“ von Werner und Smith (1982, 1992, 2001), die sog. Pionierstudie der Resilienzforschung, die „Mannheimer Risikokinderstudie“ von Laucht et al. (1999, 2000) und die „Bielefelder Invulnerabilitätsstudie“ von Lösel und Mitarbeitern (z. B. Lösel & Bender, 1999) hervorgehoben werden. Alle drei Untersuchungen konzentrieren sich nicht nur auf die Bewältigung einer einzelnen Risikobedingung, sondern berücksichtigen mehrere Risiken, also kumulierte Risikobelastungen (➛ Kap. 4.1). Darüber hinaus haben alle zum Ziel, kindliche Entwicklungsverläufe zu erfassen und die interindividuellen Unterschiede, die zu den differentiellen Entwicklungsverläufen von Risikokindern führen, zu ergründen.

7.1.1 Die „Kauai-Längsschnittstudie"

Die Längsschnittstudie von Werner und Smith (1982, 1992, 2001; Werner, 1993, 1995, 1999a, 1999b, 2000, 2001; Werner & Johnson, 1999) auf der Hawaiianischen Insel Kauai kann als die bekannteste, größte und älteste Untersuchung zu Resilienz betrachtet werden. Sie beschäftigte sich erstmals systematisch mit Risikokindern, die sich dennoch zu kompetenten Erwachsenen entwickelt haben. Hauptziel der Studie war es, die Langzeitfolgen prä- und perinataler Risikobedingungen sowie die Auswirkungen ungünstiger Lebensumstände in der frühen Kindheit auf die physische, kognitive und psychische Entwicklung der Kinder festzustellen.

Die Studie fokussierte direkt auf den Vergleich von resilienten und nichtresilienten Kindern und begann bereits in der pränatalen Entwicklungsperiode – sie war somit prospektiv angelegt: 698 asiatische und polynesische Kinder, die im Jahr 1955 auf der Insel Kauai geboren wurden, d. h. der komplette Geburtsjahrgang (multi-ethnische Kohorte), wurden über 40 Jahre hinweg begleitet. Die Daten wurden zu verschiedenen Zeitpunkten erfasst: im Geburtsalter sowie im Alter von 1, 2, 10, 18, 32 und 40 Jahren. Als Erhebungsinstrumente dienten Interviews und Verhaltensbeobachtungen von Pädiatern, Psychologen, Sozialarbeitern, Krankenschwestern und Lehrern, Persönlichkeits- und Leistungstest sowie Informationen von Gesundheits- und Sozialdiensten, Familiengerichten und Polizeibehörden. Bei den letzten drei Datenerhebungen wurden die Probanden darüber hinaus auch selbst hinsichtlich ihrer Lebenssichtweise interviewt.

Bei ca. einem Drittel (n = 201) der überlebenden Kinder dieses Geburtsjahrganges konnte ein hohes Entwicklungsrisiko festgestellt werden: Schon vor ihrem zweiten Lebensjahr waren sie mindestens vier risikoerhöhenden Bedingungen, also multiplen Risikobelastungen, ausgesetzt (zu den Datenerhebungen im Alter von 32 und 40 Jahren konnten noch 85 % dieser Probanden mit hoher Risikobelastung rekrutiert werden). Dazu gehörten u. a. chronische Armut, Geburtskomplikationen, ein geringes Bildungsniveau der Eltern, elterliche Psychopathologie und chronische familiäre Disharmonie. Zwei Drittel (n = 129) dieser sog. „Hochrisikokinder" zeigten schwere Lern- und Verhaltensstörungen im Alter von zehn Jahren (z. B. mangelnde Aggressionskontrolle, Abhängigkeitsprobleme, Lernschwierigkeiten), wurden straffällig oder wiesen frühe Schwangerschaften (vor dem 18. Lebensjahr) auf. Das restliche Drittel (n = 72, davon 32 Jungen und 40 Mädchen) entwickelte sich trotz dieser erheblichen Risikobelastung zu zuversichtlichen, selbstsicheren und leistungsfähigen Erwachsenen. Im Alter von 40 Jahren gab es bei dieser Gruppe der resilienten Erwachsenen im Vergleich mit der Altersgruppe eine niedrigere Rate an Todesfällen, chronischen Gesundheitsproblemen und Scheidungen. Trotz großer ökonomischer Belastungen (Verwüstung der Insel durch einen Orkan) gingen alle einer Beschäftigung nach und mussten keine sozialen Dienste in Anspruch nehmen. Sie schauten hoffnungsvoll und positiv in die Zukunft; ihre Ehen waren stabil.

Auf der Suche nach den Wurzeln für diese günstige Entwicklungsprognose im Erwachsenenalter konnten die Autoren im Verlauf der 40-jährigen Längsschnittstudie eine Reihe von protektiven Merkmalen und Faktoren identifizieren. Dazu gehören u. a. günstige Temperamentseigenschaften, schulische Leistungsfähigkeit, Kommunikations- und Problemlösefähigkeiten, Autonomie (verbunden mit der Fähigkeit, sich Hilfe und Unterstützung zu holen), Selbstvertrauen, religiöser Glaube/Lebenssinn sowie externe Unterstützungssysteme in der Kirche, in Jugendgruppen oder in der Schule (➛ Kap. 7.2). Sogenannte „positive Wendepunkte" im Erwachsenenalter wie Heirat, Geburt des ersten Kindes, Weiterbildungsangebote, Hinwendung zum Glauben oder Eintritt in den Militärdienst erwiesen sich darüber hinaus als entscheidend für den positiven Entwicklungsverlauf.

Des Weiteren konnten in der Kauai-Studie „schützende Prozesse", Verbindungen von risikomildernden Faktoren im Kind und seiner Umwelt, herauskristallisiert werden. Eine höhere Intelligenz und Leistungsfähigkeit in der Grundschule war beispielsweise mit der Unterstützung von Lehrern, Peers und Familienmitgliedern in der Jugendzeit verknüpft und führte zu einem höheren Selbstwertgefühl sowie Selbstwirksamkeitsüberzeugungen im Alter von 18 Jahren. Die Schulbildung der Eltern, insbesondere der Mutter, ging mit sozialer Unterstützung der Jungen und Mädchen im Kleinkind- und Schulalter einher: Eltern, die eine höhere Schulbildung besaßen, interagierten positiver mit ihren Kindern in den ersten beiden Lebensjahren, was mit einer größeren Autonomie und sozialen Reife der Kinder verbunden war; sie erzogen ihre Kinder mit besseren Kommunikations- und Problemlösefähigkeiten; ihre Kinder wiesen einen besseren Gesundheitszustand auf, fehlten seltener in der Schule und erbrachten mit zehn Jahren bessere Schulleistungen. Viele der resilienten Probanden verließen das negative Milieu ihrer Familien nach der Schulzeit und suchten sich selbst eine Umwelt aus, die sie schützte (schützende Nische).

Die lebensbegünstigenden Eigenschaften und selbstkorrigierenden Tendenzen der resilienten Kinder und Jugendlichen sowie die Unterstützung, die sie in ihrer Familie und ihrem sozialen Umfeld fanden, waren nach Werner (1999) wie „Stufen einer Wendeltreppe, die mit jedem Schritt und Tritt das Kind zu einer erfolgreichen Lebensbewältigung führten" (S. 31). Die Autorin (1999) resümiert ihre Studie wie folgt: „Konstitutionelle Dispositionen – Gesundheitszustand und Temperamentseigenschaften – haben ihren größten Einfluß in der Säuglingszeit und im Kleinkindalter. Kommunikations- und Problemlösefähigkeiten ebenso wie das Vorhandensein verantwortlicher, kompetenter ‚Ersatzeltern' und Lehrer spielen eine zentrale Rolle als schützende Faktoren in der Schulzeit. In der Adoleszenz sind interne Kontrollüberzeugungen und Zielbestimmtheit wichtige Schutzfaktoren. Die sozialen Verbindungen in der Familie und Gemeinde korrelieren, vor allem für die Jungen, positiv mit einer erfolgreichen Lebensbewältigung in der Kindheit und Jugendzeit. Leistungsfähigkeit, Selbstvertrauen, enge Freunde und ein starker Glaube oder Lebenssinn waren, vor allem für die Frauen in unserer Studie, wichtige Schutzfaktoren im Erwachsenenalter" (S. 31).

Als Kritik an der Studie bleibt anzumerken, dass Risiko- und Vulnerabilitätsfaktoren sowie Resilienz- und Schutzfaktoren nicht klar voneinander unterschieden wurden.

7.1.2 Die „Mannheimer Risikokinderstudie"

Die „Mannheimer Risikokinderstudie", die von Laucht und Mitarbeitern (Laucht et al., 1996, 1997, 1998, 1999, 2000) am Zentralinstitut für Seelische Gesundheit in Mannheim durchgeführt wird, befasst sich mit den Chancen und Risiken von Kindern, deren gesunde Entwicklung durch frühe, bei Geburt bestehende organische und psychosoziale Belastungen gefährdet ist. Folgende Fragestellungen liegen der Studie zugrunde: Welche Kinder sind besonders entwicklungsgefährdet oder vor Entwicklungsbeeinträchtigungen geschützt? Welche Entwicklungsfunktionen werden beeinträchtigt? Ziele der Untersuchung sind:

- eine möglichst breite Beschreibung der psychischen Entwicklung von Kindern mit unterschiedlichen Risikobelastungen,
- die Bestimmung der prädikativen Bedeutung früher biologischer und psychosozialer Risiken sowie protektiver und kompensatorischer Einflüsse von Kompetenzen und Ressourcen des Kindes und seiner sozialen Umwelt,
- die Modellierung des Bedingungsgefüges von Risiko- und Schutzfaktoren,
- die Analyse der pathogenen und salutogenetischen Prozesse und Mechanismen, die unterschiedlichen Entwicklungsverläufen zugrunde liegen (mit besonderem Gewicht auf der Mutter-Kind-Beziehung als Mediator bzw. Moderator früher Risiken),

- die Erarbeitung von Vorschlägen zur Verbesserung der Prävention, Früherkennung und Frühbehandlung von Entwicklungsstörungen bei Risikokindern (vgl. Laucht et al., 1999, S. 74).

Die Untersuchung ist, wie die Kauai-Studie, als prospektive Längsschnittstudie angelegt und begleitet eine systematisch ausgewählte Kohorte von Kindern in ihrer individuellen und familiären Entwicklung von der Geburt bis ins Jugendalter. Die Ausgangsstichprobe umfasst 362 Kinder (184 Mädchen, 178 Jungen), die zwischen dem 1.2.1986 und dem 28.2.1988 in zwei Frauenkliniken (Mannheim und Ludwigshafen) geboren bzw. in sechs Kinderkliniken der Region neonatologisch versorgt wurden. Dabei wurden diejenigen Säuglinge aufgenommen, die folgende Kriterien erfüllten: erstgeborenes Kind, Aufwachsen bei leiblichen Eltern, deutschsprachige Familie, keine schweren angeborenen Erkrankungen, Sinnesbehinderungen oder Missbildungen, keine Mehrlingsgeburt. Bisher haben fünf Erhebungswellen stattgefunden: im Alter von 3 Monaten, 2, 4½, 8 und 11 Jahren. Für den Zeitraum bis zum achten Lebensjahr liegen bereits erste Ergebnisse vor.

Als risikoerhöhende Bedingungen wurden sowohl organische als auch psychosoziale Belastungen erfasst. Zu den organischen Risiken zählten prä- und perinatale Komplikationen wie z. B. niedriges Geburtsgewicht, Krampfanfälle oder Sauerstoffmangel. Als psychosoziale Risiken galten ungünstige familiäre Lebensverhältnisse wie niedriges elterliches Bildungsniveau, unerwünschte Schwangerschaft, disharmonische Partnerschaft oder beengte Wohnverhältnisse. Die Ausprägung der Risikobelastung (organisch und psychosozial) wurde dann jeweils mittels einer dreistufigen Skala eingeschätzt: keine, leichte und schwere Belastung. Somit ergaben sich je nach Ausprägung der Belastung zum Zeitpunkt der Geburt im Untersuchungsplan etwa neun gleich große Risiko-Teilgruppen: Sie reichten von einer maximal belasteten Gruppe in beiden Risikodimensionen bis hin zu einer Gruppe, die sowohl organisch als auch psychosozial unbelastet ist. Alle Teilgruppen wurden hinsichtlich ihrer Größe und des Geschlechts annähernd gleich verteilt: Die Ergebnisse beruhen damit auf den Datensätzen von 347 Kindern (171 Jungen und 176 Mädchen; entspricht 95,9 % der Ausgangsstichprobe). Die Zuordnung eines Kindes zu einer der Teilgruppen stützte sich auf Informationen aus den Krankenakten sowie auf Elterninterviews. Im weiteren Verlauf der Untersuchung wurden die Daten mit Hilfe von Entwicklungstests, Elterninterviews, Kinderinterviews, Verhaltensbeobachtungen sowie Verfahren der videogestützten Mikroanalyse der Mutter-Kind-Interaktion gewonnen.

Die Mannheimer Risikokinderstudie unterstreicht bis dato die langfristige Bedeutung früher Belastungen für die kindliche Entwicklung: Die Auswirkungen organischer und psychosozialer Risiken sind bis in das Grundschulalter (8 Jahre) unvermindert nachweisbar; Risikokinder weisen danach bis zu dreimal häufiger Entwicklungsbeeinträchtigungen auf als unbelastete Kinder. Das Entwicklungsergebnis des Kindes ist dabei abhängig vom Ausmaß der Risikobelastung (keine, leichte, schwere Belastung), dem betrachteten Funktionsbereich (motorische, kognitive und sozial-emotionale Entwicklung) und der jeweiligen Entwicklungsphase. Kinder mit sowohl organischer als auch psychosozialer (= multipler) Risikobelastung besitzen die ungünstigste Entwicklungsprognose (Kumulation).

Als bedeutsamste Frühindikatoren einer ungünstigen Entwicklung im Schulalter (8 Jahre) erwiesen sich bei den organischen Risiken vor allem ein niedriges Geburtsgewicht (hinsichtlich Kognition) und das Auftreten neonataler Krampfanfälle (hinsichtlich Motorik). Zu den psychosozialen Risiken gehörten unerwünschte Schwangerschaft und psychische Beeinträchtigung der Eltern (hinsichtlich Sozialverhalten) sowie niedriges elterliches Bildungsniveau, beengte Wohnverhältnisse und frühe Elternschaft (hinsichtlich Kognition). Es bedarf aber noch der genauen Klärung, ob das erhöhte Risikopotential der genannten Faktoren darauf beruht, dass sie gehäuft mit anderen Risiken einhergehen oder ob sich dahinter ein spezifischer kausaler Zusammenhang verbirgt. Am besten vorhersagbar erweist sich nach bisherigen Ergebnissen das kognitive Leistungsniveau, da dieses sowohl von organischen als auch psychosozialen Risiken stark beeinflusst wird. Motorische Funktionen werden vorrangig durch organische Risiken beeinträchtigt, Störungen der sozial-emotionalen Entwicklung durch psychosoziale Risiken.

Besonderes Interesse der Untersuchung galt darüber hinaus der Mutter-Kind-Interaktion. Mit Hilfe einer zehnminütigen Wickel- und Spielsituation wurde die Qualität der Mutter-Kind-Dyade erhoben (im Alter von 3 Monaten). Dabei zeigte sich, dass das mütterliche Interaktionsverhalten für die sozial-emotionale Entwicklung des Kindes mit 2, 4½ und 8 Jahren von prognostischer Relevanz war: Der Mangel an positivem Emotionsausdruck, an Einfühlungsvermögen, Lächeln und Freude bei der Mutter sowie fehlende Vokalisation korrelierten mit problematischen Entwicklungen des Kindes. Ein positives Mutterverhalten in der frühen Interaktion mit dem Säugling erweist sich damit als wichtiger Schutzfaktor (Moderator) bei Kindern aus psychosozial hoch belasteten Familien sowie Kindern mit einem sehr niedrigen Geburtsgewicht (vgl. Modell der Interaktion ➛ Kap. 4.4.3). Die Befunde legen nahe, dass vom mütterlichen Umgang mit dem Risikokind Weichen für dessen spätere sozial-emotionale Entwicklung gestellt werden (Laucht, 1999). Bei psychosozial gering belasteten und normal geborenen Kindern stellte dies keinen Schutzfaktor dar. Darüber hinaus war auch das Interaktionsverhalten des Kindes entscheidend: So wiesen Frühgeborene, die im Kontakt mit der Mutter häufiger lächelten und längeren Blickkontakt aufnahmen, bessere Entwicklungsergebnisse im Grundschulalter auf als Frühgeborene, die sich weniger kompetent in der Interaktion mit der Mutter verhielten.

Die Mannheimer Risikokinderstudie dokumentiert primär, „wie sich Risikokinder als Gruppe im Durchschnitt entwickeln“ (Laucht et al., 1999, S. 90), d.h. weniger die Einzelfälle, also diejenigen Kinder, die sich mit ihrer Entwicklung gegen den ungünstigen Trend behaupten und damit als besonders „resilient“ angesehen werden können (Göppel, 2000). Dennoch liefert sie entscheidende Anhaltspunkte über Entstehungszusammenhänge und Verlaufsbedingungen von Entwicklungsstörungen im Kindesalter sowie über zugrunde liegende Schutzprozesse. Die Ergebnisse der fünften Erhebungswelle im Alter der Kinder von 11 Jahren bleiben abzuwarten. Auch ist eine neue Erhebungswelle der Mannheimer Risikokinderstudie im frühen Jugendalter mit 14/15 Jahren geplant.

7.1.3 Die „Bielefelder Invulnerabilitätsstudie“

Der „Bielefelder Invulnerabilitätsstudie“ von Lösel und Mitarbeitern (Lösel & Bender, 1994, 1999; Lösel & Bliesener, 1990, 1994; Lösel, Bliesener & Köferl, 1990; Lösel, Kolip & Bender, 1992; Bender & Lösel, 1997, 1998; vgl. auch Göppel, 2000) lagen folgende Zielsetzungen zugrunde: die seelische Widerstandskraft unter Bedingungen eines besonders hohen Entwicklungsrisikos zu untersuchen, Phänomene der Resilienz auch außerhalb der Familie zu erfassen und in der Literatur diskutierte protektive Merkmale integrativ und simultan zu überprüfen.

Zielgruppe dieser Untersuchung waren Jugendliche aus Institutionen der Heimbetreuung, die einem sehr belasteten und unterprivilegierten Multiproblem-Milieu mit unvollständigen Familien, Armut, Erziehungsdefiziten, Gewalttätigkeit und Alkoholmissbrauch entstammten. Im Gegensatz zur „Mannheimer Risikokinderstudie“ versuchten die Bielefelder Forscher von vornherein eine Gruppe „resilienter“ Jugendlicher zusammenzustellen. Dabei gingen sie folgendermaßen vor: Sie stellten Mitarbeitern von 60 Einrichtungen der Jugendhilfe das Resilienzkonzept vor und befragten sie im Anschluss nach ihren Beobachtungen, ob sie Jugendliche aus ihrer Einrichtung benennen könnten, die sich trotz hoher biographischer Risikobelastung erstaunlich positiv entwickeln. Mit Hilfe dieser „naturalistischen Diagnose“ (auf der Basis von Fallbesprechungen und Erziehereinschätzungen) konnte eine Gruppe von 66 Jugendlichen im Alter von 14 bis 17 Jahren aus 27 Heimen als Stichprobe der „Resilienten" gewonnen werden (RG = Gruppe der Resilienten). Die Vergleichsgruppe bildete eine Gruppe von 80 Jugendlichen aus denselben Heimen, deren Risikobelastung gleich hoch eingeschätzt worden war, die aber ausgeprägte Erlebens- und Verhaltensstörungen aufwiesen (AG = Gruppe der Auffälligen bzw. Devianten). Die Gruppen bestanden jeweils zu drei Fünftel aus Jungen und zwei Fünftel aus Mädchen.

Mittels Interviews, Frage- und Selbsteinschätzungsbögen, einem Risikoindex (bestehend aus 70 Kriterien) und Tests wurden die beiden Gruppen dann hinsichtlich folgender vier Merkmalsbereiche untersucht: (1) biographische Belastungen und Risikobedingungen, (2) Problemverhalten bzw. Erlebens- und Verhaltensstörungen, (3) personale Ressourcen und (4) soziale Ressourcen. Bei der Risikodiagnose wurden sowohl objektive Faktoren (z. B. Scheidung der Eltern, Arbeitslosigkeit, Krankenhausaufenthalte, Schulwechsel oder schlechte Wohnverhältnisse) als auch subjektive Belastungen („erlebte" Elternkonflikte, Vernachlässigung, Alkoholprobleme und finanzielle Schwierigkeiten) berücksichtigt. Dabei zeigte sich erwartungsgemäß ein höherer Zusammenhang zwischen dem subjektiven Risikoindex und den Verhaltensproblemen im Vergleich zu den objektiven Faktoren. Dies war eine Bestätigung dafür, wie bedeutsam die individuelle Wahrnehmung von Belastungen ist. Die Datenauswertung belegte zudem, dass die „naturalistischen" Diagnosen, d. h. die Einschätzungen der Heimerzieher, relativ valide waren: Sie deckten sich mit den Ergebnissen der methodisch standardisierten und systematischen Verfahren, indem sie die Klassifikationen bestätigten.

Die Gruppe der „Resilienten" (RG) und die der „Auffälligen" (AG) unterschieden sich eindeutig hinsichtlich ihrer Symptombelastung sowie hinsichtlich der Variablen, die die personalen und sozialen Ressourcen betrafen (Temperament, intellektuelle Fähigkeiten, Coping-Stil, selbstbezogene Kognitionen, soziale Beziehungen, soziale Unterstützung und Erziehungsklima). Sowohl querschnittlich als auch längsschnittlich konnten nach zwei Jahren eine Reihe von protektiven Effekten festgestellt werden: Die stabil resilienten Jugendlichen zeigten ein flexibleres und weniger impulsives Temperament, sie hatten eine realistischere Zukunftsperspektive, waren in ihrem Bewältigungsverhalten aktiver und weniger vermeidend, erlebten sich als weniger hilflos und mehr selbstvertrauend, sie waren leistungsmotivierter und in der Schule besser als die Jugendlichen mit Verhaltensstörungen. Darüber hinaus besaßen sie häufiger eine feste Bezugsperson außerhalb ihrer hochbelasteten Familien, waren sie zufriedener mit der erhaltenen sozialen Unterstützung, hatten sie eine bessere Beziehung zur Schule und erlebten sie ein harmonischeres und zugleich normorientierteres Erziehungsklima in den Heimen (vgl. Lösel & Bender, 1999, S. 38).

Die qualitativen Interviewdaten der Heim-Stichproben zeigten, dass die resilienten Jugendlichen sich mit ihrer Heimsituation konstruktiver auseinandergesetzt hatten und Selbstwirksamkeitsüberzeugungen und ein positives Selbstwertgefühl aufwiesen. Zwei Drittel der Jugendlichen blieben über den gesamten Untersuchungszeitraum hinweg stabil resilient oder deviant. Als bedeutsame, stabilisierende Variable erwies sich dabei das erlebte Erziehungsklima im Heim. Ein entwicklungsförderlicher Effekt ging insbesondere von einem autoritativen Erziehungsklima (Baumrind, 1989) aus, das sich durch Zuwendung und Empathie, durch eine hohe Strukturiertheit und Normorientierung sowie durch Monitoring kennzeichnet.

Im weiteren Verlauf der Bielefelder Invulnerabilitätsstudie wurde schließlich der Frage nachgegangen, inwieweit sich die resilienten von „normalen“ (wenig risikobelasteten) Jugendlichen unterscheiden. Ziel war also auch ein kontrollierter Vergleich der Gruppe der Resilienten (RG) mit einer Normalgruppe (NG). Dabei wurden aus der „naturalistisch“ diagnostizierten RG diejenigen Jugendlichen ausgewählt, die nach multiplen Kriterien trotz ihrer hohen Risikobelastung keine psychischen, psychosomatischen oder verhaltensmäßigen Auffälligkeiten zeigten. Hieraus ergab sich eine Gruppe von 21 Jugendlichen (13 Jungen und 8 Mädchen). Als Normalgruppe wurden parallel zur Gruppe der Resilienten Jugendliche aus einer repräsentativen Schülerstichprobe herangezogen (ebenfalls 21 Jugendliche, aber ohne spezifische Risikobelastung). Parallelisierungsvariablen stellten dabei Geschlecht, Alter und besuchter Schultyp dar. Im Vergleich der RG mit der NG fanden sich kaum signifikante Unterschiede. Geringe Differenzen zeigten sich lediglich im Bereich der personalen Faktoren: Die resilienten Jugendlichen erschienen auch hier als tendenziell kontaktfreudiger, aufgabenorientierter, leistungsmotivierter sowie aktiver in der Auseinandersetzung mit Alltagsproblemen. Sie schätzten sich selbst als weniger hilflos und ihre Handlungen als wirksamer ein.

Die Ergebnisse der Studie belegen damit, dass es sich bei den resilienten Kindern und Jugendlichen nicht um mysteriöse „Superkids“ (Lösel et al., 1992) mit magischen Abwehrkräften oder speziellen Merkmalsausprägungen handelt, sondern um Jugendliche, die in der Lage sind, trotz belastender Lebensbedingungen einfach jene Kompetenzen und Persönlichkeitsmerkmale auszubilden, die auch sonst eine relativ gesunde Entwicklung im Jugendalter ausmachen (Göppel, 2000). Als entscheidende Faktoren konnten die Autoren vor allem Merkmale des Erziehungsklimas benennen: eine stabile Beziehung zu einer Bezugsperson, emotionale Wärme und Empathie, hohe Strukturiertheit und klare Verhaltensregeln in der Erziehung, Rollenvorbilder für eine konstruktive Bewältigung von Problemen sowie religiöse Orientierung, Pflichtenübernahme und Leistungsorientierung.

Neben den drei explizit vorgestellten Resilienz-Untersuchungen haben sich eine Vielzahl von Studien mit den verschiedenen Risikobelastungen im Leben von Kindern befasst und auf deren entwicklungsbeeinträchtigende Einflüsse hingewiesen. Im Folgenden kann an dieser Stelle nur eine exemplarische Auswahl wiedergegeben werden:

- **Junge Elternschaft** (Brooks-Gunn & Chase-Landsdale, 1991; Werner & Smith, 1982, 1992, 2001)
- **Geburtskomplikationen** (Werner & Smith, 1982, 1992, 2001)
- **Körperliche Beeinträchtigungen:** Chronische Erkrankung (Wells & Schwebel, 1987), Sinnesschädigungen (Moriarty, 1987) und schwere Herzfehler (O'Dougherty et al., 1983)
- **Elterliche Psychopathologie** (Anthony & Cohler, 1987; Beardslee & Podorefsky, 1988; Conrad & Hammen, 1993; Garmezy, 1984, 1985, 1987; Kauffman et al., 1979; Radke-Yarrow & Brown, 1993)
- **Körperliche Misshandlung/Sexueller Missbrauch/Vernachlässigung** (Cicchetti & Rogosch, 1997; Cicchetti et al., 1993; Farber & Egeland, 1987; Herrenkohl, Herrenkohl & Egolf, 1994)
- **Elterliche Trennung/Scheidung** (Barnes, 1999; Emery & Forehand, 1994; Hetherington, 1997; Hetherington, Stanley-Ragan & Anderson, 1989; Sandler, Tein & West, 1994; Schmidt-Denter, 2000; Wallerstein & Kelly, 1980; Wallerstein & Blakeslee, 1989)
- **Chronische Armut** (Baldwin et al., 1993; Clark, 1983; Cohler, 1987; Conger et al., 1994; Elder, Caspi & van Nguyen, 1986; Felsman, 1984; Felsman & Vaillant, 1987, Garmezy, 1984; Long & Vaillant, 1984; Lewis & Looney, 1983; Werner & Smith, 1982, 1992, 2001)
- **Tod eines oder beider Elternteile** (Lutzke et al., 1997; McFarlane, 1987)
- **Gewalttätige Nachbarschaft** (Richters & Martinez, 1993)
- **Geiselnahme von Kindern** (Terr, 1981)
- **Naturkatastrophen** (Gleser, Green & Winget, 1981)
- **Krieg und Holocaust** (Boothby, 1983; Casella & Motta, 1990; Dalianis, 1994; Elder & Clipp, 1989; Felsman, 1984; Garbarino, 1990; Heskin, 1980; Moskovitz, 1983; Rosenblatt, 1983; Sheehy, 1987)

7.2 Personale Ressourcen des Kindes

In den vorangegangenen Ausführungen wurde bereits auf den enormen Stellenwert von personalen Ressourcen, d. h. schützenden Merkmalen des Kindes im Prozess der Bewältigung schwieriger Lebensumstände hingewiesen (➛ Kap. 4.2). Im Folgenden sollen nun diese kindbezogenen und Resilienzfaktoren, die in den empirischen Untersuchungen konkret ermittelt werden konnten, genauer vorgestellt werden.

7.2.1 Frühe Kindheit: Säuglings- und Kleinkindalter

Schon im Säuglingsalter wurden die resilienten Kinder der Kauai-Längsschnittstudie (➛ Kap. 7.1.1; Werner & Smith, 1982, 1992, 2001) von ihren Bezugspersonen als sehr aktiv, liebevoll, „pflegeleicht" und sozial aufgeschlossen charakterisiert. Sie zeigten sich als äußerst anpassungsfähig an neue Situationen, hatten kaum Schlafprobleme oder Schwierigkeiten mit der Nahrungsaufnahme (feste Rhythmen in den Körperfunktionen) und konnten leicht beruhigt werden. Sie wiesen ein hohes Antriebsniveau auf und waren kontaktfreudiger, emotional ausgeglichener und fröhlicher als vergleichbare nichtresiliente Kinder. Die genannten Eigenschaften stehen in direktem Gegensatz zu sogenannten „schwierigen" Temperamentsmerkmalen,[18] wie niedrige Anpassungsfähigkeit, irreguläre biologische Funktionen, soziale Gehemmtheit oder hohe Reizbarkeit (Thomas & Chess, 1980). Kinder mit einem „schwierigen" Temperament haben nicht nur genetisch mitbedingt ungünstigere Entwicklungsvoraussetzungen. Sie sind auch in größerer Gefahr, zur Zielscheibe negativer, feindseliger Gefühle und kritisierenden, bestrafenden Erziehungsverhaltens zu werden (z. B. wenn sich ein Kind durch die Bezugsperson nur schwer beruhigen lässt).[19] Dies erhöht wiederum die Wahrscheinlichkeit, psychische Be-

18 Temperament meint den Verhaltensstil bzw. die Art und Weise, in der ein Kind Handlungen ausführt (Petzold, Goffin & Oudhof, 1993). Zur genaueren Umschreibung des Temperaments werden beobachtbare Qualitäten herangezogen, wie das Aktivitätsniveau, Stimmungsänderung, Neugierverhalten, emotionale Reaktionen, Annäherung oder Rückzug. In der Resilienzforschung wird hauptsächlich auf das Temperamentskonzept von Thomas und Chess (1980) Bezug genommen: Die Autoren unterscheiden neun Temperamentsdimensionen, die zu drei Kategorien, also drei Temperamenten, zusammengefasst werden können: „einfach", „langsam auftauend" und „schwierig". Temperamentsunterschiede stellen also individuelle, konstitutionell-bedingte Unterschiede in der Selbstregulation, Aufmerksamkeitssteuerung, emotionalen Reaktivität und motorischen Aktivität dar.

19 Kinder mit einem schwierigen Temperament haben einen Verhaltensstil, der für Eltern und Umgebung Schwierigkeiten aufwirft, z. B. durch Unausgeglichenheit, unregelmäßige Schlaf-, Wach- und Ess-Rhythmen, häufiges Weinen und Schreien, geringe Frustrationstoleranz und heftige

einträchtigungen zu entwickeln (= negative, verstärkende Kettenreaktionen; Bender & Lösel, 1998). Sie können relativ schnell in einen „Teufelskreis" sich gegenseitig bedingender, negativer Reaktionen geraten. Kinder mit sogenannten *„einfachen" Temperamentsmerkmalen* lösen dagegen eher positive Reaktionen bei den Bezugspersonen aus, d. h. Aufmerksamkeit, Wärme und soziale Unterstützung (Fingerle et al., 1999; Julius & Goetze, 2000; Julius & Prater, 1996). Man kann also davon ausgehen, dass Kinder mit einem „schwierigen" Temperament in familiären Stresssituationen als Ursache der Belastungen wahrgenommen werden, was ihre eigentlich schon schwierige Situation noch verschlimmert, wogegen sich umgängliche Kinder außerhalb der „Schusslinie" halten können (vgl. Petermann et al., 1998, S. 224; Niebank & Petermann, 2000, S. 84). So kamen Tschann und Mitarbeiter (1996) z. B. in ihrer Untersuchung zu dem Ergebnis, dass Kinder mit „schwierigen" Temperamentsmerkmalen bei Vorhandensein familiärer Konflikte mit höherer Wahrscheinlichkeit Verhaltensstörungen entwickelten als Kinder mit „einfachen" Temperamentseigenschaften; bei Kindern mit einem „einfachen" Temperament wiesen familiäre Konflikte keine messbaren Effekte auf.

Temperamentsmerkmale liefern damit eine Erklärung für die große Heterogenität kindlicher Entwicklungsverläufe unter Einfluss von Risikobelastungen. Diese Annahme wird auch durch Ergebnisse der Bindungsforschung gestützt, wonach Kinder, die als Neugeborene ein „schwieriges" Temperament zeigten, signifikant seltener sichere Bindungen zu ihren Müttern entwickelten als Neugeborene mit „einfachem" Temperament (Fremmer-Bombik 1992, zitiert nach Fingerle et al., 1999, S. 304). Nach Engfer (1991) scheinen hierbei aber weniger die angeborenen Temperamentsmerkmale bzw. -unterschiede an sich entscheidend zu sein als vielmehr die Folgen negativer Erzieherreaktionen (vgl. auch Lösel & Bender, 1997). Die Befunde weisen damit auf einen entscheidenden Wechselwirkungsprozess zwischen kindlichem Temperament und Erziehungsverhalten bzw. Erziehungskompetenz der Bezugspersonen hin.

Wie bereits aufgezeigt wurde, ist hier allerdings auch eine differentielle Betrachtung notwendig: Denn unter bestimmten Umweltbedingungen kann auch ein „schwieriges" Temperament eine Schutzfunktion ausüben (➛ Kap. 4.3; DeVries, 1984). Umgekehrt muss ein „einfaches" Temperament nicht automatisch mit einem positiven Entwicklungsergebnis verknüpft sein: So kamen Bender und Lösel (1998) in ihrer Studie (➛ Kap. 7.1.3) z. B. zu dem Ergebnis, dass eine größere Flexibilität und stärkere Annäherungsorientierung – also Dimensionen, die dem „einfachen" Temperament zuzuordnen sind – bei

emotionale Reaktionen. Solche Kinder sind auch als sog. „Schreibabys" bekannt. Ein schwieriges Temperament kann auch mit Misshandlungen in der Familie oder mit häufigen Unfällen verbunden sein.

Jungen mit einem erhöhten Risiko für späteres aggressives und delinquentes Verhalten verbunden war. Die Autoren vermuten, dass diese Jugendlichen in eine delinquente Subgruppe integriert wurden und sich dabei unterstützt und wohl fühlten. Diese Erkenntnisse bestätigen die Annahme, dass Resilienz auf einem komplexen Zusammenspiel verschiedener Faktoren beruht und von Situation und Kontextmerkmalen mitbestimmt wird.

Im Kleinkindalter (zwei Jahre) erschienen die resilienten Kinder der Kauai-Längsschnittstudie (➛ Kap. 7.1.1) als selbstständiger, selbstbewusster und unabhängiger im Vergleich zu den nichtresilienten Kindern gleichen Alters und Geschlechts. Sie waren sowohl in ihren Kommunikations- und Bewegungsfähigkeiten weiter entwickelt als auch mehr in das soziale Spiel mit Gleichaltrigen integriert (v. a. Mädchen wiesen eine positive soziale Orientierung auf). Einerseits verfügten sie über gut entwickelte *Selbsthilfefertigkeiten* (verbunden mit dem Streben nach Autonomie), andererseits besaßen sie aber auch die *Fähigkeit, Hilfe zu erbitten*, wenn diese für sie als notwendig erachtet wurde. Gegenüber neuen Erfahrungen zeigten sie sich offen und neugierig (*Explorationslust/Erkundungsbestrebungen*).

In engem Zusammenhang damit steht die Tatsache, dass die meisten resilienten Kinder ein *sicheres Bindungsverhalten*[20] entwickelt hatten: Kinder, die über eine sichere Bindung verfügen, beginnen früh ihre Umwelt aktiv zu explorieren. Laut Julius und Goetze (2000) dürfte ein „solches Explorationsverhalten (...) die Wahrscheinlichkeit effektiver Handlungen erhöhen, die wiederum die Autonomie des Kindes stärken“ (S. 297). Langzeituntersuchungen haben hier gezeigt, dass die Bindungsmuster zumindest für die darauffolgenden zehn Jahre relativ stabil sind (vgl. die Bielefelder und Regensburger Längsschnittstudie; ein Überblick dazu in Zimmermann et al., 2000). Sicher gebundene Kinder weisen damit einige Entwicklungsvorteile auf: So verfügen sie im Vergleich zu unsicher gebundenen Kindern über gute Problemlösestrategien, zeigen höhere Konzentrationsleistungen sowie mehr positive Affekte im Kindergarten und in der Schule. Sie sind ausdauernder und sozial aufgeschlossener, haben eine längere Aufmerksamkeitsspanne und werden von ihren Erzieherinnen bzw. Lehrern als umgänglicher, freundlicher und flexibler eingeschätzt. Bindungssicherheit im zweiten Lebensjahr geht einher mit einem höheren Maß an Ich-Flexibilität, Frustrationstoleranz und der Fähigkeit, situationsangemessen eigene Impulse und Gefühle kontrollieren und regulieren zu

20 „Ein Kind, das eine sichere Bindung aufweist, sucht bei emotionaler Belastung die Nähe der Bezugsperson, kann sich dort beruhigen und wendet sich wieder der Umwelt zu“ (Zimmermann, 2000, S. 122 f). Die Entwicklung eines sicheren Bindungsverhaltens geht mit einer stabilen, emotional sicheren Beziehung zu einem Elternteil bzw. einer primären Bezugsperson einher (➛ Kap. 7.3).

können. Kinder mit einer sicheren Bindung zur Mutter weisen im Alter von sechs Jahren ein realistischeres Selbstbild, im Jugendalter ein positives Selbstkonzept sowie eine klare Identität auf (Zimmermann, 2000). Unterschiede in der Bindungssicherheit können insofern langfristige Folgen haben. Zimmermann et al. (2000, S. 310) resümieren, dass eine sichere Bindungsorganisation im Sinne der Entwicklungspsychopathologie als eine zentrale risikomildernde Bedingung zu betrachten ist, eine unsichere Bindungsorganisation hingegen als Vulnerabilität. Mit Bindungssicherheit geht eine größere Kompetenz im Umgang mit emotionaler Belastung, d. h. einer effektiven Emotionsregulation, einher; ein sicheres Bindungsverhalten stellt insofern eine gute Voraussetzung dar, um Belastungen erfolgreich bewältigen zu können.

Trotz dieser Ergebnisse aus den Bereichen der Resilienz- und Bindungsforschung gibt es bislang noch keine Studien, in denen der Zusammenhang zwischen den beiden Konstrukten Resilienz und Bindung detailliert untersucht worden ist. Fingerle et al. (1997, S. 308) versuchen hier einen Schritt voranzugehen und die funktionalen Beziehungen zwischen Resilienz und Bindungsmodellen – wenn auch nur ansatzweise – differenzierter zu beleuchten. Nach Ansicht der Autoren ist es fraglich, ob resiliente Kinder tatsächlich generell dem sicheren Bindungstyp angehören müssen. So verfügen nicht nur sicher gebundene, sondern auch unsicher-vermeidend gebundene Personen[21] über ein positives Selbstkonzept, wie dies bei resilienten Kindern der Fall ist. Andererseits sind Kinder mit vermeidenden Bindungsmustern eher Personen, die Kontakten mit anderen Menschen aus dem Weg gehen. Die Autoren schließen daraus, dass es sich bei den resilienten Kindern um zwei Subgruppen handeln könnte: solche aus emotional intakten, aber beispielsweise sozial benachteiligten Familien, die dann auch über hohe soziale Kompetenzen verfügen, und Kindern mit unsicher-vermeidenden Bindungsmustern, die sich emotional von ihren gestörten Eltern distanzieren und auf diesem Weg realistische Kontrollüberzeugungen und ein positives Selbstkonzept aufbauen können. Der auf sicheren Bindungsmustern beruhenden, zur Bewältigung von extrafamilialem Stress, wie z. B. Arbeitslosigkeit oder Armut, bewältigenden Resilienzform, muss also laut der Autoren eine unsicher-vermeidende Variante gegenübergestellt werden, die sich gegen intrafamilialen Stress richtet – d. h. Stress, der direkt von einem oder mehreren Mitgliedern der Kernfamilie ausgeht, z. B. chronische elterliche Konflikte oder elterliche Psychopathologie. Sicher gebundene Kinder sollten aufgrund ihres Bindungsmusters intrafamilialen Stress

21 Ein Kind mit unsicher-vermeidendem Bindungsmuster zeigt in der „fremden Situation" keine Anzeichen von Unruhe, Kummer und emotionaler Belastung. Es sucht keinen Kontakt bzw. keine Nähe zur wiederkehrenden Bezugsperson. Das Kind fokussiert stattdessen seine Aufmerksamkeit auf Spielsachen oder andere Objekte. Die Bezugsperson von Kindern mit diesem Bindungstyp wird als zurückweisend charakterisiert.

nur unter zwei Bedingungen bewältigen können: (1) wenn die Stressoren erst nach dem Erwerb der Bindungsmuster auftreten oder (2) wenn eine Familienkonstellation vorliegt, in der ein Kind über eine starke Bezugsperson sicher gebunden ist während eine andere Person den Stressor darstellt. Die Kinder, die der Resilienzsubgruppe mit vermeidenden Bindungsmustern zuzurechnen sind, verfügen offenbar über Stimmungsmanagementtechniken, die sie in die Lage versetzen, mit den aus ihrer Persönlichkeitsstruktur resultierenden negativen Emotionen umzugehen und nicht in Gefühle der Hilflosigkeit und Resignation zu verfallen. Fingerle et al. (1997) weisen darauf hin, dass diesen Fragestellungen aber noch empirisch nachgegangen werden muss.

Andere Untersuchungen bestätigen die hier dargelegten Ergebnisse der Kauai-Studie. So berichten Farber und Egeland (1987) von ihrer Untersuchung, dass sicher gebundene Kinder gegenüber Missbrauchserlebnissen weniger vulnerabel und in Problemlösungen kompetenter waren als unsicher gebundene Kinder. In den Untersuchungen von Wallerstein und Kelly (1980) sowie Hetherington et al. (1989) wiesen die Vorschulkinder, welche die Scheidung der Eltern gut überstanden haben, eine größere soziale Reife auf (positive Beziehungen sowohl zu Gleichaltrigen als auch Erzieherinnen) im Vergleich zu denjenigen, die die elterliche Scheidung weniger erfolgreich bewältigten. Außerdem waren diese Kinder in der Lage, sich von dem Konflikt der Eltern zu distanzieren. Damit liefen sie nicht Gefahr, sich für die Ereignisse, d. h. für die dysfunktionale Familiensituation verantwortlich zu fühlen (sie sahen sich nicht als Ursache für den elterlichen Streit).

7.2.2 Mittlere Kindheit: Schulalter

Für diese Altersstufe liegen die meisten empirischen Ergebnisse vor. Im Alter von zehn Jahren verfügten die resilienten Kinder der Kauai-Längsschnittstudie (➛ Kap. 7.1.1; Werner & Smith, 1982, 1992, 2001) über besser entwickelte *Problemlöse- und Kommunikationsfähigkeiten* sowie ein *positives Selbstkonzept*. Die Haltung der resilienten Kinder war in Problemlösesituationen weniger reaktiv als vielmehr proaktiv. Sie übernahmen selbstständig Verantwortung in der jeweiligen Situation und waren aktiv um eine Problemlösung bemüht: D. h. sie warteten nicht erst ab, bis ihnen jemand von außen (ein Erwachsener) das Problem abnahm oder zu Hilfe kam. Eine solche proaktive Haltung verlangt allerdings ein gewisses Maß an Selbstvertrauen, Sozialkompetenz und die Fähigkeit, sich aktiv um soziale Unterstützung zu bemühen.

Obwohl die resilienten Kinder weder besonders talentiert noch intellektuell hochbegabt waren, nutzten sie ihre eigenen Ressourcen und Fähigkeiten effektiv aus. Sie konnten sich – obwohl sie in Familien aufwuchsen, die von chronischen Konflikten, elterlichem Alkoholismus oder elterlicher Psychopathologie geprägt waren – gut auf ihre Schularbeiten konzentrieren und zeigten ein überdurchschnittliches Maß an Ausdauervermögen und Hartnäckigkeit (*schulische Leistungsfähigkeit*). Die guten Schulleistungen waren für sie insofern eine bedeutende Quelle der Selbstbestätigung. Sie halfen, die negativen Erfahrungen in der Familie zu kompensieren (Bender & Lösel, 1998). Opp (1999) merkt hierzu an: „Schulische Leistungserfolge verschaffen soziale Anerkennung, insbesondere aber auch das Gefühl, die im Leben gestellten Aufgaben meistern zu können, Kontrolle darüber auszuüben und dem Leben nicht nur hilflos ausgeliefert zu sein" (S. 235).

Im Vergleich zu den nichtresilienten Kindern verfügten die resilienten Kinder der Kauai-Studie außerdem über ein besseres *Sprach- und Lesevermögen*. Dies bot ihnen die Möglichkeit, sich außerhalb ihrer schwierigen Familiensituation oder Nachbarschaft Wissen über die Welt anzueignen (Kumpfer, 1999). Gutes Sprach- und Lesevermögen ist z. B. mit der Fähigkeit verbunden, verschiedene Perspektiven wahrnehmen und einnehmen zu können und damit komplex zu denken.

Darüber hinaus besaßen die resilienten Kinder *Selbstwirksamkeitsüberzeugungen*, d. h. die subjektive Überzeugung, schwierige Aufgaben aufgrund eigener Kompetenzen bewältigen und mit dem eigenen Handeln tatsächlich etwas bewirken zu können („Sich-als-wirksam-Erleben"/sich als Verursacher bestimmte Effekte erleben). Die protektive Wirkung von Selbstwirksamkeit liegt v. a. in der Motivation für und Ausführung von aktiven Bewältigungsversuchen (Fingerle et al., 1999; Julius & Goetze, 2000): Wer nicht erwartet, mit seiner Handlung etwas zu bewirken, wird gar nicht erst versuchen, etwas zu verändern bzw. zu riskieren, sondern die Situationen meiden und sich selbst negativ einschätzen. Wer dagegen positive Erwartungen hinsichtlich seiner eigenen Selbstwirksamkeit hat, wird diese auch auf neue Situationen übertragen und sich ein gewisses Schwierigkeitsniveau zutrauen. Wahrgenommene Selbstwirksamkeit beeinflusst somit die Denkmuster einer Person, ihre Motivation und Leistung sowie ihren emotionalen Erregungszustand (Zimbardo, 1995). Die Überzeugung, in bestimmten Situationen oder Bereichen selbstwirksam sein zu können, führt zudem zur Befriedigung von Kontrollbedürfnissen. Geringe Selbstwirksamkeitsüberzeugungen fördern dagegen passives, initiativloses Verhalten und verhindern den Aufbau von Selbstvertrauen. In der Kauai-Studie wurde dieser Zusammenhang deutlich: Aufgrund der Selbstwirksamkeitsüberzeugungen entwickelten die resilienten Kinder Zuversicht und Vertrauen in sich selbst, was letztlich mit einer größeren Selbstsicherheit, positiveren Selbsteinschätzung und mehr Eigenaktivität einherging. Kleine Erfolgserlebnisse können hier bereits entscheidend zum Aufbau von Selbstwirksamkeitsüberzeugungen beitragen.

Die resilienten Kinder wiesen des Weiteren ausgeprägtere *internale Kontrollüberzeugungen* auf. Gemeint sind hiermit generalisierte Erwartungen darüber, dass man selbst in der Lage ist, Kontrolle über oder zumindest Einfluss auf die Dinge des eigenen Lebens auszuüben, d. h. dass Probleme durch eigenes Tun beeinflusst bzw. verhindert werden können (Julius & Goetze, 1998 a, 1998 b, 2000). Das Gegenteil davon ist die Überzeugung, dass die Ereignisse außerhalb der eigenen Kontrolle liegen und von Faktoren wie Glück, Zufall oder anderen Personen (external) bestimmt werden. So glaubten die resilienten Kinder beispielsweise, ihre Schulschwierigkeiten mit Hilfe eigenen Fleißes zu überwinden. Diese Überzeugung war dann mit erhöhter Aktivität, Motivation und Anstrengung verbunden. Mit internalen Kontrollüberzeugungen sind also Selbstwirksamkeitsüberzeugungen und Verantwortungsübernahme (für sich und sein Handeln) verknüpft. Die resilienten Kinder nahmen an, *für sie* kontrollierbare Probleme oder Ereignisse mit steuern zu können; sie waren jedoch nicht der Überzeugung, einen Einfluss auf de facto *un*kontrollierbare Situationen wie den Streit der Eltern oder die Alkoholkrankheit eines Elternteils zu haben (*realistische* Kontrollüberzeugung).

Eng verknüpft sind damit Kausalattributionen, subjektive Ursachenzuschreibungen für auftretende Ereignisse. Viele Untersuchungen belegen, dass Kinder oftmals die Gründe für erlittene Misshandlungen oder für die Zerrüttung der Familie bei sich selbst und nicht bei den Erwachsenen suchen. Sie schreiben also sich bzw. ihrer eigenen Unfähigkeit die Ursache für die aufgetretenen negativen Ereignisse zu. In diesem Fall attribuieren sie internal, nicht external (person-interne Ursachenzuschreibung). Sie denken z. B.: „Wenn ich brav wäre, würde meine Mutter mich mehr lieben". Internale Attributionen negativer Ereignisse sind mit unangenehmen Emotionen wie Resignation, Selbstzweifel, Traurigkeit, Erregung oder Hilflosigkeit verbunden, sie können letztlich zu sozialer Angst und Unsicherheit führen. Attribuiert ein Kind ein negatives Ereignis dagegen external, werden die negativen Effekte im Hinblick auf das Selbstwertgefühl weitaus geringer sein (Julius & Goetze, 1998 a, 1998 b). Ein *realistischer Attributionsstil* kann somit Schuldgefühle und Gefühle der Wertlosigkeit verhindern und auf diese Weise die Entwicklung eines positiven Selbstkonzeptes unterstützen.

Oft besaßen die resilienten Kinder auch ein spezielles *Interesse oder Hobby*[22],

22 Die Interessen und Hobbies waren nicht geschlechtstypisch geprägt: Werner (1999 b, 2000) berichtet, dass die Kinder eine „gesunde Androgynität" in ihren Aktivitäten entwickelten und sich nicht geschlechtsstereotyp verhielten.

das sie mit einem Freund oder einer Freundin teilten und das ihnen in der schweren Zeit Lebenssinn und Trost vermittelte. Diese außerschulischen Aktivitäten – dazu gehörten z. B. Aktivitäten in der Kirchengemeinde, in einer Schulband oder Sportgruppe – ermöglichten ihnen, sich zum einen von der Stresssituation innerlich zu distanzieren und abzulenken und zum anderen trotz der schwierigen Lebensumstände auch Freude und Spaß zu erleben. Sie waren zudem eine Quelle für emotionale und soziale Unterstützung.

Die beschriebenen Ergebnisse der Kauai-Längsschnittstudie konnten durch andere Untersuchungen bestätigt und ergänzt werden. So konnte beispielsweise in dem „Rochester Child Resilience Project" mit Hilfe von fünf Prädiktoren in bis zu 84 % aller Fälle vorhergesagt werden, ob Kinder, die unter widrigen Lebensumständen aufwuchsen, Jahre später eine fehlangepasste Entwicklung aufwiesen oder aber als resilient eingestuft werden konnten (Cowen et al., 1997). Zu diesen Faktoren zählten Empathie, emotionale Ausdrucksfähigkeit, ein realistischer Attribuierungsstil, soziale und effektive Problemlösefähigkeiten sowie ein hohes Selbstwertgefühl.

Radke-Yarrow und Brown (1993) kamen in ihrer Untersuchung über die Auswirkungen elterlicher Psychopathologie zu dem Ergebnis, dass die resilienten Kinder eine positivere Ausstrahlung besaßen und sehr leistungsorientiert waren. Durch ihre positive Ausstrahlung erhielten sie mehr soziale Unterstützung, insbesondere von Lehrern und Peers. Im Vordergrund steht hier nicht nur das Vorhandensein der sozialen Unterstützung, sondern vielmehr die Fähigkeit des Kindes, auf andere Menschen zuzugehen und Unterstützung zu mobilisieren. Bedeutsame Variablen für diese *Mobilisierung und Nutzung sozialer Unterstützung* scheinen laut Julius und Goetze (2000) eine Bereitschaft zur „Selbstenthüllung" und internale Kontrollüberzeugungen zu sein. Der Bereitschaft zur Selbstenthüllung könnte nach den Autoren insofern eine zentrale Rolle zukommen, als dass „potentielle Helfer nicht nur generell aktiviert werden, sondern u. U. auch Hinweise auf spezifische Unterstützungsbedürfnisse erhalten. (...) Entgegengesetzt der Erwartung zeigen die bisherigen Ergebnisse, daß Personen mit einer internalen Kontrollüberzeugung offenbar dazu tendieren, Belastungssituationen nicht allein meistern zu wollen, sondern stärker als external attribuierende Personen das Unterstützungspotential anderer aktivieren und nutzen" (S. 298).

Hinsichtlich der intellektuellen Fähigkeiten (zumeist operationalisiert als hoher Intelligenzquotient und gute Problemlösefähigkeiten) sind die Ergebnisse der empirischen Untersuchungen allerdings nicht konsistent. In vielen Untersuchungen ging ein protektiver Effekt von hoher Intelligenz aus, z. B. insofern, dass ein höherer IQ mit geringeren Schulschwierigkeiten korreliert

(Kumpfer, 1999). Nach Bender und Lösel (1998) steht die Schutzfunktion *kognitiver Kompetenzen* aber auch in engem Zusammenhang mit motivationalen Faktoren: So hatten beispielsweise Leistungsbereitschaft und positive Schulleistungen auch dann protektive Effekte, wenn sie nicht mit überdurchschnittlicher Intelligenz zusammenhingen (in der Kauai-Längsschnittstudie wiesen die resilienten Kinder z. B. eine „durchschnittliche" Intelligenz auf ➛ Kap. 7.1.1). In einigen Studien konnte festgestellt werden, dass hohe Intelligenz aber auch eine Risikofunktion (Vulnerabilitätsfaktor) für depressive und internalisierende Störungen haben kann. Als Erklärung wird hierfür angenommen, dass intelligente Kinder ihre Umwelt differenzierter wahrnehmen und durch internalisierende Problemverarbeitung sensibler auf Stress und Belastungen reagieren (➛ Abb. 6; Luthar, 1991). Pauschalen Generalisierungen ist deshalb Zurückhaltung geboten.

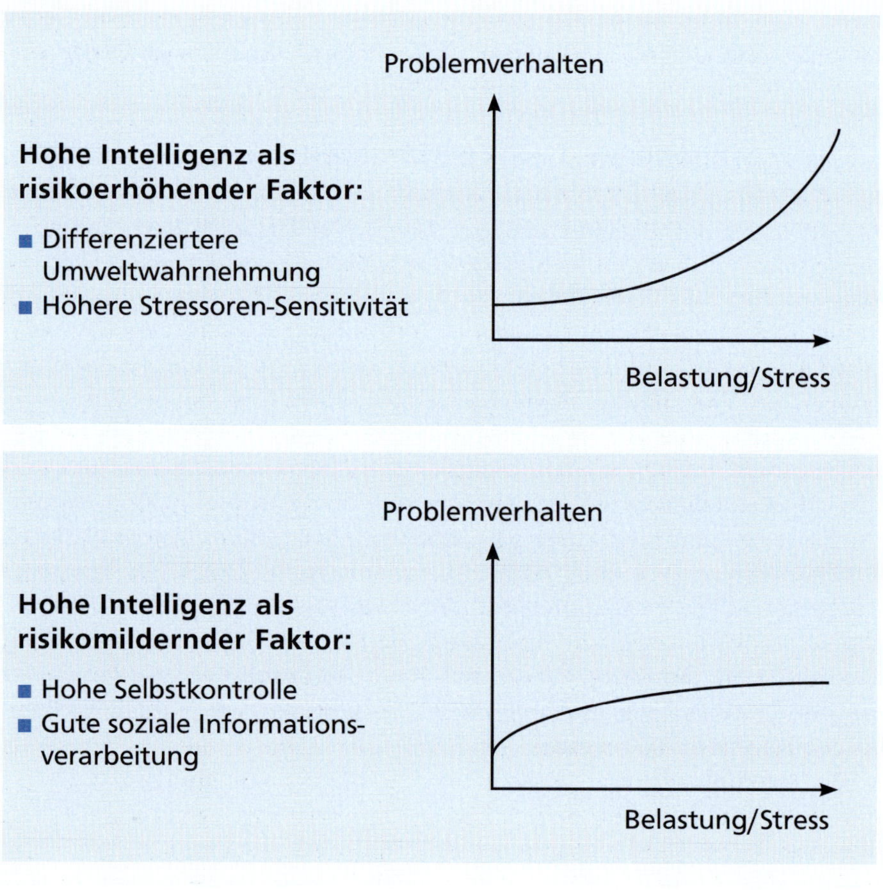

Abb. 6 Hohe Intelligenz als risikoerhöhender oder -mildernder Faktor bei zunehmender Risikobelastung

7.2.3 Jugendalter/Adoleszenz

Auch im Jugendalter (18 Jahre) zeichneten sich die resilienten Kinder der Kauai-Studie (➛ Kap. 7.1.1; Werner & Smith, 1982, 1992, 2001) durch eine stärker ausgeprägte internale Kontrollüberzeugung, eine *höhere Sozialkompetenz* und ein *positives Selbstkonzept* auch. Sie waren verantwortungsbewusster, selbstständiger, leistungsorientierter und sozial reifer als vergleichbare nichtresiliente Jugendliche. Sie verfügten über mehr effektive Konfliktlösestrategien, besaßen Selbstvertrauen in ihre eigenen Fähigkeiten und die Zuversicht, dass die Dinge sich erwartungsgemäß zum Guten wenden werden – sie hatten also eine *optimistische, zuversichtliche Lebenseinstellung*.

Darüber hinaus zeigten die resilienten Jugendlichen *Empathie* und Hilfsbereitschaft gegenüber anderen Menschen. Viele mussten z. B. Verantwortung für die Betreuung eines jüngeren Geschwisterkindes übernehmen, den Haushalt führen, wenn die Eltern krank oder behindert waren oder Teilzeit-Jobs nach der Schule ausüben, um zum Lebensunterhalt der Familie beizutragen. Diese frühzeitige Verantwortungsübernahme für sich und andere hat offenbar die Entwicklung von internaler Kontrollüberzeugung, Selbstwirksamkeit und Ausdauervermögen begünstigt (Julius & Goetze, 2000). Die Tätigkeiten gaben ihnen die Fähigkeit, Bedeutung und Wert im eigenen Tun sowie Sinn und Zweck in der eigenen Existenz zu sehen (Erleben von Sinn und Struktur im Leben). Antonovsky (1987) bezeichnet diese kognitive, affektiv-motivationale Eigenschaft als „*Kohärenzgefühl*“: Aufgrund der Überzeugung, dass das Leben und die Aufgaben, die man zu bewältigen hat, sinnvoll bewertet werden, lohnt es sich, sich dafür einzusetzen. Das Kohärenzgefühl ist laut Antonovsky (1993) „keine spezielle Coping-Strategie, sondern eine generelle Lebenseinstellung“ (S. 4). Er drückt das wie folgt aus: Das Kohärenzgefühl ist „(...) eine globale Orientierung, die das Ausmaß ausdrückt, in dem jemand ein durchdringendes, überdauerndes und dennoch dynamisches Gefühl des Vertrauens hat, dass erstens die Anforderungen aus der inneren oder äußeren Erfahrenswelt im Verlauf des Lebens strukturiert, vorhersagbar und erklärbar sind (...), und dass zweitens die Ressourcen zur Verfügung stehen, die nötig sind, um den Anforderungen gerecht zu werden. (...) Und drittens, dass diese Anforderungen Herausforderungen sind, die Investitionen und Engagement verdienen“ (S. 12). Das Kohärenzgefühl setzt sich insofern aus drei inhaltlichen Dimensionen zusammen: „comprehensibility“ (Gefühl von Verstehbarkeit), „manageability“ (Gefühl von Bewältigbarkeit/Handhabbarkeit) und „meaningfulness“ (Gefühl von Sinnhaftigkeit/Bedeutsamkeit ➛ Tab. 8). Die letzte Komponente nimmt dabei für Antonovsky eine besondere Rolle ein. Sie ist die motivationale Komponente, da in ihr die positiven Erwartungen an das Leben zum Ausdruck kommen:

„Ein Mensch ohne Erleben von Sinnhaftigkeit wird das Leben in allen Bereichen nur als Last empfinden und jede weitere sich stellende Aufgabe als zusätzliche Qual“ (Bengel et al., 2001, S. 30). Bender und Lösel (1998) fassen diese drei Dimensionen als Strukturierungsfähigkeit, ressourcengestütztes Bewältigungsvermögen und Herausforderungsbereitschaft zusammen.

Verstehbarkeit	Bewältigbarkeit	Bedeutsamkeit
Meine Welt ist verständlich, durchschaubar, geordnet. Ich habe Kontrolle über die Situation. Ich handle und lasse nicht mit mir handeln.	Ich sehe und empfinde Veränderungen bzw. Schwierigkeiten als Herausforderung. Ich verfüge über innere und äußere Ressourcen. Ich überlege mir verschiedene Lösungsansätze.	Meine Existenz macht Sinn und ich investiere in sie. Ich finde Bedeutung und Wert in meinem eigenen Tun. Ich engagiere mich.

Tab. 8 Dimensionen des Kohärenzgefühls nach Antonovsky

Als ein weiteres Kennzeichen resilienter Jugendlicher erwies sich in der Kauai-Studie eine sogenannte *Planungskompetenz*. Sie zeichnet sich dadurch aus, dass man sich eigene, realistische Berufs- und Lebensziele setzt und deren Verwirklichung anstrebt. So waren die resilienten Jugendlichen in der Lage, ihre Erfahrungen in konstruktiver Weise aufzufassen bzw. zu interpretieren und darauf aufbauend ihre Zukunft realistisch und bewusst zu planen. Die protektive Wirkung liegt hier darin, dass Zielvorstellungen Orientierung und Sicherheit vermitteln. In engem Zusammenhang mit Planungskompetenz stehen gute Problemlösefähigkeiten, Kontrollüberzeugungen sowie die Fähigkeit, Entscheidungen zu treffen. Nach Rutter (2000, 2001) entwickelt sich eine solche Planungskompetenz vor allem durch positive Erfahrungen in der Schule (➛ Kap. 7.4).

Zum Abschluss sollen auch die *körperlichen Gesundheitsressourcen* hervorgehoben werden, die bei der Bewältigung von Stress- und Risikosituationen keine unwesentliche Rolle einnehmen (Kumpfer, 1999). Dazu gehören u.a. ein stabiles Immunsystem, körperliche Fitness, ein regelmäßiger Schlaf- und Wachrhythmus, eine ausgewogene Ernährung und sorgfältige Hygiene sowie Bewegungsfreude und sportliche Aktivitäten. Gerade Kinder aus sozial benachteiligten Verhältnissen weisen hier oftmals geringere Kapazitäten auf.

Zusammenfassung:

Resiliente Kinder rechnen mit dem Erfolg eigener Handlungen, sie gehen Problemsituationen aktiv an, sie nutzen ihre eigenen Ressourcen und Talente effektiv aus, sie glauben an eigene Kontrollmöglichkeiten, können aber auch realistisch erkennen, wenn etwas für sie unbeeinflussbar, d. h. außerhalb ihrer Kontrolle ist. Diese Fähigkeiten und Kompetenzen führen dazu, dass Stressereignisse und Problemsituationen als weniger belastend, sondern vielmehr als herausfordernd wahrgenommen werden. Dadurch werden mehr aktiv-problemorientierte und weniger passiv-vermeidende Coping-Strategien angeregt (➛ Kap. 6.2).

7.3 Schutzfaktoren innerhalb der Familie

Neben den personalen Ressourcen tragen schützende Bedingungen in der Lebensumwelt des Kindes entscheidend zur Entwicklung von Resilienz bei. Die Merkmale des Familienumfeldes des Kindes sind dabei – wie die empirischen Untersuchungen aufgezeigt haben – von elementarer Bedeutung.

Trotz enormer Risikobelastungen wie elterlicher Psychopathologie, Scheidung der Eltern oder familiärer Disharmonie hatten die meisten resilienten Kinder der Kauai-Studie (➛ Kap. 7.1.1; Werner & Smith, 1982, 1992, 2001) die Möglichkeit, eine *enge, positiv-emotionale und stabile Beziehung zu mindestens einer Bezugsperson* aufzubauen, die ihnen eine konstante und kompetente Betreuung sowie Anregungen bot. Diese Bezugsperson ging adäquat und feinfühlig auf die Bedürfnisse und Signale des Kindes ein. Infolge dieser kontinuierlichen, zuverlässigen und warmen Beziehung konnte der Großteil der Kinder im Kleinkindalter sichere Bindungsmuster und Vertrauen entwickeln (➛ Kap. 7.2). *Feinfühligkeit, Responsivität und Kompetenz der Bezugsperson* im Umgang mit dem Säugling und Kleinkind erweisen sich dabei als entscheidende Faktoren für die Qualität der Bindungsbeziehung und letztlich für die sozial-emotionale Entwicklung des Kindes (Ainsworth et al., 1978; vgl. hier auch die Ergebnisse der Mannheimer Risikokinderstudie ➛ Kap. 7.1.2).

Die Eltern-Kind-Bindung hat folglich Einfluss auf die Entwicklung kognitiv-affektiver Schemata von sich und anderen und damit auf die Entwicklung internaler Arbeitsmodelle zwischenmenschlicher Beziehungen (Beziehungsschemata, die das künftige Beziehungsverhalten wesentlich mitbestimmen). Ein sicheres Bindungsmuster trägt darüber hinaus zur Entwicklung von Selbstwertgefühl, einem positiven Selbstbild und sozialer Kompetenz bei. „Aus einem Zusammenspiel zwischen Emotionalität, dispositionellen Regulationsfähigkeiten und Eltern-Kind-Interaktionen konstruiert das Kind ein Verständnis von sich, seinen Fähigkeiten und seinen Bezugspersonen und entwickelt so ein Bild von sich und der Welt, das Grundlage seines Handelns wird" (Fingerle et al., 1997, S. 204). Aufgrund der sicheren Erwartung von Zuwendung, Liebe und Aufmerksamkeit entwickelt das Kind ein „Urvertrauen". Laut Zimmermann (2000) geht eine sichere Bindungsrepräsentation mit mehr aktiven und weniger vermeidenden Bewältigungsstrategien, mit weniger Hilflosigkeit und Ängstlichkeit sowie weniger emotionaler Belastung und Rückzugsverhalten in schwierigen Situationen einher. Sichere Bindungen gelten insofern als wesentliche Grundlage, auf der sich die kindliche Fähigkeit zur Bewältigung von Belastungen entwickelt (Laucht et al., 2000; Zimmermann et al., 2000).

Für die Etablierung einer sicheren Eltern-Kind-Bindung fasst Schneewind (2001) folgende Merkmale des elterlichen Interaktionsverhaltens zusammen („attachment parenting"/*bindungsförderndes Elternverhalten*):

- Sensitivität (promptes und angemessenes Reagieren auf kindliche Signale),
- eine grundsätzlich positive Haltung gegenüber dem Kind (echte Anteilnahme, die in positiven Gefühlen und Zuneigung zum Ausdruck kommt),
- Synchronisation (im Sinne einer sanften Abstimmung reziproker Interaktion mit dem Kind),
- Wechselseitigkeit (in der Gestaltung von Interaktionen),
- Unterstützung (aufmerksame Zuwendung und emotionale Hilfestellung bei kindlichen Aktivitäten),
- Stimulation (häufige Interaktionsaufnahme mit dem Kind).

In engem Zusammenhang mit der Bindung an Bezugspersonen stehen Merkmale des Erziehungsklimas und des Erziehungsstils (Bender & Lösel, 1998; Lösel & Bender, 1997). In den meisten Studien hat sich hier ein Beziehungsmuster als protektiv bewährt, das durch Wertschätzung, Respekt und Akzeptanz dem Kind gegenüber, durch Sicherheit im Erziehungsverhalten und durch Monitoring charakterisiert werden kann (Masten, 2001 a; Scheithauer et al., 2000; Wyman et al., 1999). Diese genannten Aspekte lassen sich auch unter dem Begriff *autoritativer/demokratischer Erziehungsstil* zusammenfassen. Nach Baumrind (1989) ist ein solches Erziehungsverhalten durch eine klare Vermittlung kompetenzfördernder Verhaltenserwartungen, durch die Überwachung entsprechender Verhaltensweisen, durch die Unterstützung von

Selbstständigkeit, durch ein erkennbares emotionales Engagement und durch eine offene, partnerschaftliche Kommunikation gekennzeichnet. Autoritative Erziehung beinhaltet insofern ein warmes, unterstützendes, aber dennoch forderndes und zugleich Grenzen setzendes Elternverhalten (Schneewind, 2001). Unter diesen positiven Gesichtspunkten erzieherischen Verhaltens können Kinder lernen, sich mit unterschiedlichen Standpunkten und Perspektiven auseinander zu setzen, Grenzen zu akzeptieren, das eigene Verhalten zu kontrollieren, selbstverantwortlich zu handeln, mit Erfolg und Misserfolg umzugehen, Entscheidungen zu treffen, eigene Stärken und Schwächen zu erkennen und sich bei Bedarf um soziale Unterstützung zu bemühen. Durch die empathische Haltung der Bezugsperson kann das Kind Sicherheit, Geborgenheit, Entspannung und Zuversicht erfahren. Ein autoritativer Erziehungsstil kann somit zur Entwicklung problemorientierter Bewältigungsstrategien, zu einem angepassten psychosozialen Funktionsniveau, zu Selbstvertrauen und einem stärkeren Selbstwertgefühl beitragen. All das stellt wiederum entscheidende Resilienzfaktoren dar (➛ Kap. 7.2; Petermann et al., 1998).

Als zentrale Merkmale des autoritativen/demokratischen Erziehungsstils lassen sich folgende Aspekte zusammenfassen:

- Emotionale Wärme, Wertschätzung, bedingungslose Akzeptanz
- Offene, partnerschaftliche, konstruktive Kommunikation (kongruentes Gesprächsverhalten, aktives Zuhören, Verwendung von Ich-Botschaften)
- Klare, konsistente Verhaltensregeln
- Produktive Rückmeldungen
- Kontrolle
- Monitoring.

Ausschlaggebend ist also, dass:

- Eltern als positive Modelle fungieren, an denen sich das Kind orientieren kann (Vorleben und Vermitteln von Werten und Einstellungen),
- Eltern responsiv und einfühlsam auf die Bedürfnisse des Kindes eingehen,
- Eltern Wärme, Fürsorge und Schutz ausstrahlen,
- Eltern wichtige Ansprechpartner für das Kind sind,
- Eltern Respekt gegenüber dem Kind sowie Anerkennung und Akzeptanz in der Kommunikation widerspiegeln (sowohl verbal als auch nonverbal),

- Eltern hohe, aber realistische und angemessene Erwartungen an das Kind haben,
- Eltern aktives Interesse an den Leistungen und Fähigkeiten des Kindes signalisieren,
- konkrete Verhaltensstandards existieren und das Kind konstruktives Feedback über sein Verhalten bekommt,
- das Kind in wichtige Entscheidungsprozesse mit einbezogen wird,
- Eltern dem Kind eine anregende, stimulierende Umwelt anbieten,
- offen über Gefühle gesprochen wird,
- Konflikte thematisiert werden
- Eltern bei Problemen unterschiedlichster Art Unterstützung und Ermutigung anbieten.

Waren die Eltern selbst zu einem solchen Fürsorgeverhalten nicht in der Lage, fungierten in der Kauai-Studie häufig die *Großeltern oder ältere Geschwister als stabile Pflegepersonen* und Identifikationsmodelle – als sogenannter Elternersatz. Wallerstein und Kelly (1980) bestätigen aus ihrer Langzeitstudie mit Scheidungskindern den stützenden Charakter von Geschwisterbeziehungen: Aufgrund des Geschwisterkindes verfügten die Kinder über einen Gesprächspartner, Vertrauten oder Verbündeten, der die gleiche Familiengeschichte erlebt hat, und womit bei wechselseitiger Identifikation „geteiltes Leid zum halben Leid" wird.

Neben dem positiven Erziehungsklima erwiesen sich in den meisten Untersuchungen zu Resilienz *familiale Stabilität* und *familiärer Zusammenhalt* (Kohäsion) als wesentliche Schutzfaktoren. Dies kennzeichnete sich u. a. durch gemeinsame Unternehmungen, durch routinierte Tagesstrukturen oder durch familiale Rituale wie regelmäßige Essenszeiten, Ausflüge oder Geburtstagsfeiern. Mit solchen Gegebenheiten werden Gefühle der Zusammengehörigkeit und Sicherheit unterstützt, die gerade in Umbruchssituationen und Krisenzeiten besonders stabilisierend wirken.

Als protektiv zeigten sich darüber hinaus
- eine altersangemessene Übernahme von Aufgaben im Haushalt (Förderung von Verantwortungsübernahme),
- ein religiöser Glaube in der Familie (sinnstiftende Wirkung),

- ein geringes Konfliktpotential in der Familie (verbunden mit einer harmonischen Paarbeziehung der Eltern),
- ein soziales Eingebundensein der Familie in informelle und formelle Netzwerke (Verwandte, Bekannte, Selbsthilfegruppen u. a.),
- ein hohes Bildungsniveau der Eltern sowie
- ein höherer sozioökonomischer Status (Werner, 2000).

In der Kauai-Studie (➤ Kap. 7.1.1) war des Weiteren ersichtlich, dass die resilienten Kinder häufig das erstgeborene Kind in der Familie waren, dass sie weniger Geschwister hatten (geringere Geschwisterzahl) und dass ein größerer Altersabstand zwischen den Kindern bestand – für die Kinder wirkte es sich positiv aus, wenn sie in den ersten 20 Monaten ihres Lebens die Aufmerksamkeit ihrer Eltern nicht mit einem jüngeren Geschwister teilen mussten (Freytag, 1999).

Zusammenfassung:

In den meisten Untersuchungen zeigte es sich, dass eine emotional positive, zugewandte, akzeptierende und zugleich normorientierte, angemessen fordernde und kontrollierende Erziehung eine zentrale Bedeutung für die Entwicklung von Resilienz hat. D. h. in der Familien*erziehung* sowie in den Familien*beziehungen* werden grundlegende Bedingungen für eine psychisch gesunde Entwicklung von Kindern geschaffen. Eltern in dieser Erziehungsfunktion zu stärken, kann damit als ein zentraler Ansatzpunkt zur Resilienzförderung angesehen werden (➤ Kap. 8).

7.4 Schutzfaktoren im sozialen Umfeld

Viele resiliente Kinder der Kauai-Studie (➤ Kap. 7.1.1; Werner & Smith, 1982, 1992, 2001) verfügten auch außerhalb ihrer Familie über entscheidende Quellen emotionaler und sozialer Unterstützung. So konnten viele z. B. Lehrer benennen, die ihnen Aufmerksamkeit entgegenbrachten, sich für sie einsetzten und sie herausforderten (Lehrer wurden in der Untersuchung sogar am häufigsten als Vertrauenspersonen außerhalb der Familie genannt). Diese *unterstützenden Personen außerhalb der Familie* trugen nicht nur zur unmittelbaren Problemreduzierung bei, sondern dienten gleichzeitig auch als Modelle für ein aktives und konstruktives Bewältigungsverhalten sowie für prosoziale Handlungsweisen (*positive Modellfunktion*; Bender & Lösel, 1998).

Soziale Kontakte zu Bezugspersonen außerhalb der Familie haben damit eine große Bedeutung: Zum einen geben sie Anregungen und Hilfestellungen zu einer effektiven Bewältigung in der akuten Belastungssituation und zum anderen bieten sie alternative Verhaltensmodelle an, die einen förderlichen Einfluss auf das zukünftige Verhalten des Kindes in Belastungssituationen haben können. Diese Erkenntnisse werden z. T. bereits in Patenschaftsprogrammen bzw. sogenannten „Buddy-Programmen" umgesetzt, in denen sich Studierende oder Freiwillige auf ehrenamtlicher Basis einem Risikokind als individuelle Bezugsperson zur Verfügung stellen (vgl. hierzu z. B. das Patenschaftsprogramm „Big Brothers/Big Sisters"; Göppel, 2000; Opp & Fingerle, 2000; Werner, 1999, 2000).

Ein weiteres wirksames Unterstützungssystem stellten in der Kauai-Studie (➛ Kap. 7.1.1) *Peerkontakte* und *positive Freundschaftsbeziehungen* dar. Als protektive Funktionen der Peers können u. a. Erholung, Unterhaltung, Rat, positives Feedback und emotionaler Beistand angesehen werden. Kinder erleben durch die Peerkontakte vor allem Ablenkung von schwierigen Situationen und erfahren dadurch „Normalität" und Entspannung in der Beziehung zu anderen Menschen. Das soziale Spiel mit Gleichaltrigen kann z. B. als eine maßgebliche Bewältigungshilfe betrachtet werden, da sich das Kind hierbei vom Ernst des Alltags lösen und seine Gefühle ungezwungen ausdrücken kann. Peer-Interaktionen schaffen außerdem Möglichkeiten der Perspektivenübernahme und Empathie: Kinder lernen hier zu teilen, sich gegenseitig zu helfen und sich in den anderen hinein zu versetzen. Peer-Beziehungen fördern somit Kommunikationsfähigkeiten, Impulskontrolle, Kreativität und interpersonales Bewusstsein. Gleichaltrige können des Weiteren wirksame Modelle darstellen: so beispielsweise wenn ein Kind ein anderes Kind dabei beobachtet, wie es ein Problem oder einen Konflikt bewältigt. Kinder darin zu unterstützen, Freundschaften mit sozial kompetenten Peers zu entwickeln (d. h. prosoziale Beziehungen aufzubauen), kann insofern als ein wesentliches Präventions- und Interventionsziel angesehen werden (➛ Kap. 8). In diesem Zusammenhang erweisen sich z. B. die Arbeit in Kleingruppen oder Tutorien sowie gemeinschaftliche Projektarbeiten in den Bildungsinstitutionen als gute Ansatzpunkte.

Ein weiterer protektiver Effekt ging laut der Kauai-Studie (➛ Kap. 7.1.1) von *positiven Erfahrungen in der Schule* aus. So zeigte sich, dass die resilienten Kinder gern zur Schule gingen: Laut Werner (1990) machten sie in vielen Fällen die Schule sogar „(...) zu einem Heim fern von daheim, einem Zufluchtsort vor einer konfusen Familiensituation“ (zitiert nach Göppel, 1999, S. 180). Die Schule kann damit bei Kindern in schwierigen Lebenssituationen „(...) im günstigen Fall als Fluchtpunkt, als Nische, als Insel der Ordnung und der Struktur in einem sonst eher chaotischen Alltag, als Ort der persönlichen Zuwendung, der Einbindung in Freundschaftsbeziehungen und der Bestätigung eigener Werthaftigkeit erlebt werden (...)“ (Göppel, 1999, S. 178).[23] Folgende spezifische Qualitäten konnten der schulischen Umgebung die Funktion eines Schutzfaktors zuweisen: Schulen, in denen

- die Schüler mit einem hohen, aber angemessenen Leistungsstandard konfrontiert werden,
- den Schülern verantwortungsvolle Aufgaben übertragen werden,
- es klare, konsistente und gerechte Regeln gibt,
- Schüler häufig für ihre Leistungen und ihr Verhalten verstärkt werden (konstruktives Feedback in Form von Anerkennung, Lob und Ermutigung),
- Möglichkeiten des kooperativen Lernens und der Partizipation bestehen,
- Lehrer sich um ihre Schüler sorgen und aktives Interesse an ihnen signalisieren,
- Lehrer respekt- und verständnisvoll den Schülern begegnen,
- positive Peer-Kontakte bestehen,
- eine enge Zusammenarbeit mit dem Elternhaus und anderen sozialen Einrichtungen besteht,
- Schulsozialarbeit und weitere Förderangebote verankert sind,
- außerschulische Aktivitäten organisiert werden (z. B. Projekttage, Exkursionen, Sportveranstaltungen/Wettbewerbe), bei denen die Schüler gemeinsame Ideen und Interessen teilen können,
- insgesamt ein *wertschätzendes Schulklima* vorherrscht (vgl. Julius & Prater, 1996; Davis, 1999; Howard, Dryden & Johnson, 1999).

Laut Julius und Prater (1996) geht von solchen schulischen Bedingungen insofern ein protektiver Effekt aus, als dass sie den Aufbau von Selbstwirksamkeit und hohen Effizienzerwartungen sowie die Entwicklung eines positiven Selbstbildes unterstützen. Darüber hinaus tragen sie zur Entwicklung von Konflikt- und Problemlösefertigkeiten, Kontrollüberzeugungen und sozialen Kompetenzen bei und unterstützen die Entstehung eines Kohärenzgefühls: das Gefühl, dass die eigene Lebenswelt durchschaubar ist, dass genügend Ressourcen zur Lebensbewältigung im Umfeld vorhanden sind und dass es lohnenswert ist, sich den Herausforderungen des Lebens zu stellen, weil

23 Die Schule kann im entgegengesetzten Fall möglicherweise aber auch ein „(...) Ort des Versagens und der Beschämung, des Zwangs und der Demütigung, der Ausgrenzung und der Entmutigung sein“ (Göppel, 1999, S. 178) und insofern zu einer weiteren, zusätzlichen Belastung für Kinder in schwierigen Lebensumständen werden.

sie auf der Grundlage dieses Lebensgefühls auch gemeistert werden können (➔ Kap. 7.2; Opp, 1999). Die Schule stellt damit entscheidende Handlungsspielräume zur Verfügung, in denen Kinder wichtige Kompetenzen erwerben können. Es geht dabei insbesondere um die Förderung von aktiver Verantwortungsübernahme, Selbstbestimmung, Einfühlungsvermögen und sozialer Perspektivenübernahme (➔ Kap. 8). Bedeutsam ist demzufolge eine Schule, deren Ethos nicht nur in der reinen Wissensvermittlung liegt, sondern die sich als „caring community" konstituiert. „Akademische Aufgaben müssen so gestaltet sein, dass die Schüler sich kompetent fühlen, sie zu lösen und die erfolgreiche Bewältigung möglich ist. Die Erfahrung, die die Schüler bei der Bewältigung machen – ich kann es, ich schaffe es – hat für die Entwicklung des Selbstwertes einen entscheidenden Einfluss und wird durch den Glauben der Lehrer an die erfolgreiche Bewältigung unterstützt" (Fingerle et al. 1999, S. 306).

Die Rolle der frühkindlichen Bildungseinrichtungen ist in diesem Zusammenhang in den Untersuchungen leider noch nicht dezidiert berücksichtigt worden. Viele der genannten Aspekte lassen sich hier allerdings problemlos übertragen (➔ Kap. 8).

Als weitere Schutzfaktoren im sozialen Umfeld haben sich *Ressourcen auf kommunaler Ebene*, insbesondere der Zugang zu sozialen Einrichtungen und professionellen Hilfsangeboten, wie z. B. Angebote der Eltern- und Familienbildung, Beratungsstellen, Frühfördereinrichtungen, Gemeindearbeit oder Sportvereine, sowie das *Vorhandensein prosozialer Rollenmodelle, Normen und Werte in der Gesellschaft* (gesellschaftlicher Stellenwert von Kindern/Erziehung/Familie) gezeigt (Waller, 2001).

Zusammenfassung:

Die empirischen Untersuchungen belegen, dass von fürsorglichen Personen außerhalb der Familie eine entscheidende Kompensationsfunktion ausgeht – dies sowohl im Hinblick auf direkte Unterstützungsleistungen als auch im Hinblick auf ein positives Modellverhalten. Des Weiteren verweisen sie auf die enorme Bedeutung positiver Peer-Interaktionen, eines wertschätzenden Erziehungsklimas sowie der Förderung von Basiskompetenzen bzw. Resilienzfaktoren in den Bildungseinrichtungen.

7.5 Zusammenfassung der empirischen Befunde

In diesem Kapitel werden die zentralen protektiven Faktoren, die – wie die empirischen Studien gezeigt haben – für eine erfolgreiche Bewältigung von Lebensbelastungen förderlich sind und zur Entwicklung von Resilienz beitragen, noch einmal im Überblick dargestellt (→ Tab. 9). Dabei wird die Unterscheidung zwischen personalen und sozialen Ressourcen beibehalten.

Personale Ressourcen
Kindbezogene Faktoren ■ Positive Temperamentseigenschaften, die soziale Unterstützung und Aufmerksamkeit bei den Betreuungspersonen hervorrufen (flexibel, aktiv, offen) ■ Intellektuelle Fähigkeiten ■ Erstgeborenes Kind ■ Weibliches Geschlecht (in der Kindheit)
Resilienzfaktoren ■ Problemlösefähigkeiten ■ Selbstwirksamkeitsüberzeugungen ■ Positives Selbstkonzept/Selbstvertrauen/hohes Selbstwertgefühl ■ Fähigkeit zur Selbstregulation ■ Internale Kontrollüberzeugung ■ Realistischer Attribuierungsstil ■ Hohe Sozialkompetenz: Empathie/Kooperations- und Kontaktfähigkeit (verbunden mit guten Sprachfertigkeiten)/soziale Perspektivenübernahme/Verantwortungsübernahme/Humor ■ Aktives und flexibles Bewältigungsverhalten (z. B. die Fähigkeit, soziale Unterstützung zu mobilisieren, Entspannungsfähigkeiten) ■ Sicheres Bindungsverhalten (Explorationslust) ■ Lernbegeisterung/schulisches Engagement ■ Optimistische, zuversichtliche Lebenseinstellung ■ Religiöser Glaube/Spiritualität (Kohärenzgefühl) ■ Talente, Interessen und Hobbys ■ Zielorientierung/Planungskompetenz ■ Kreativität ■ Körperliche Gesundheitsressourcen

Soziale Ressourcen
Innerhalb der Familie ■ Mindestens eine stabile Bezugsperson, die Vertrauen und Autonomie fördert ■ Autoritativer/demokratischer Erziehungsstil (emotional positives, unterstützendes und strukturierendes Erziehungsverhalten, Feinfühligkeit und Responsivität) ■ Zusammenhalt (Kohäsion), Stabilität und konstruktive Kommunikation in der Familie ■ Enge Geschwisterbindungen ■ Altersangemessene Verpflichtungen des Kindes im Haushalt ■ Hohes Bildungsniveau der Eltern ■ Harmonische Paarbeziehung der Eltern ■ Unterstützendes familiäres Netzwerk (Verwandtschaft, Freunde, Nachbarn) ■ Hoher sozioökonomischer Status
In den Bildungsinstitutionen ■ Klare, transparente und konsistente Regeln und Strukturen ■ Wertschätzendes Klima (Wärme, Respekt und Akzeptanz gegenüber dem Kind) ■ Hoher, aber angemessener Leistungsstandard ■ Positive Verstärkung der Leistungen und Anstrengungsbereitschaft des Kindes ■ Positive Peerkontakte/positive Freundschaftsbeziehungen ■ Förderung von Basiskompetenzen (Resilienzfaktoren) ■ Zusammenarbeit mit dem Elternhaus und anderen sozialen Institutionen
Im weiteren sozialen Umfeld ■ Kompetente und fürsorgliche Erwachsene außerhalb der Familie, die Vertrauen fördern, Sicherheit vermitteln und als positive Rollenmodelle dienen (z. B. Nachbarn, Freunde, Erzieherinnen, Lehrer) ■ Ressourcen auf kommunaler Ebene (Angebote der Familienbildung, Beratungsstellen, Frühförderstellen, Gemeindearbeit etc.) ■ Gute Arbeits- und Beschäftigungsmöglichkeiten ■ Vorhandensein prosozialer Rollenmodelle, Normen und Werte in der Gesellschaft

Tab. 9 Personale und soziale Ressourcen

Masten (2001b) geht hier bereits einen Schritt weiter: Sie legt den Fokus nicht mehr auf risikomildernde Faktoren, sondern fasst die wesentlichsten Erkenntnisse der Studien unter *protektiven Systemen* zusammen. Folgende adaptive Systeme sind danach für die Entwicklung von Resilienz bedeutsam:

- Bindungssysteme
- Menschliche Informationsverarbeitungssysteme
- Selbstregulationssysteme für Aufmerksamkeit, Emotion, Erregung und Verhalten
- Bewältigungsmotivationssysteme
- Familiensysteme
- Kommunale Organisationssysteme
- Spiritualität und religiöse Systeme.

Auf der Basis ihres „International Resilience Projects“ nimmt Grotberg (1995) ebenfalls eine andere Aufteilung schützender Bedingungen vor, die hier aufgrund ihrer Anschaulichkeit als besonders erwähnenswert erscheint. Die Autorin klassifiziert risikomildernde Faktoren nicht nach den Ebenen Kind, Familie, soziales Umfeld, sondern hinsichtlich folgender drei Kategorien: *„Ich habe“*, *„Ich bin“* und *„Ich kann“* (s. S. 118). Die Ich-habe-Faktoren beziehen sich auf soziale Ressourcen, durch die das Kind Gefühle der Sicherheit und des Schutzes entwickeln kann. Die Ich-bin-Faktoren betreffen personale Ressourcen, d. h. Gefühle, Überzeugungen und Verhaltensweisen des Kindes. Die Ich-kann-Faktoren bezeichnen soziale und interpersonale Fähigkeiten des Kindes, die es durch die Interaktion mit anderen Menschen bzw. durch Lernen im sozialen Kontext erwirbt. Diese Dreiteilung der risikomildernden Faktoren kann laut Grotberg als eine Richtschnur dienen und Anhaltspunkte zur Förderung resilienten Verhaltens geben.

Ausgehend von den Ergebnissen ihrer Kauai-Längsschnittstudie (➛ Kap. 7.1.1) hat Werner (1993) ein idealtypisches Modell entworfen, wie Resilienz im Entwicklungsverlauf entstehen könnte (➛ Abb. 7; vgl. auch Laucht et al., 2000; Petermann et al., 1998). Die Autorin geht dabei auf mögliche Zusammenhänge zwischen protektiven Merkmalen des Kindes und seiner Lebensumwelt ein. Aus den untersuchten Lebensverläufen ihrer 40-jährigen Studie leitete sie – trotz gelegentlicher Abweichungen in den Übergangsphasen – eine schlüssige Abfolge von Faktoren und Kompetenzen ab. Hierbei wird noch einmal deutlich, wie eng die Bereiche Kind, Familie und soziales Umfeld miteinander verwoben sind. An den Anfang ihrer Entwicklungssequenz stellt Werner einen Säugling, der über ein „einfaches“ Temperament verfügt, d. h. wenig schreit, im Kontakt zu anderen Menschen aufgeschlossen sowie bezüglich neuer Situationen anpassungsfähig ist. Dieses positive Temperament wirkt sich förderlich auf die Qualität der Eltern-Kind-Interaktion

Ein resilientes Kind sagt …

… ich habe (I have)

- Menschen um mich, die mir vertrauen und die mich bedingungslos lieben,
- Menschen um mich, die mir Grenzen setzen, an denen ich mich orientieren kann und die mich vor Gefahren schützen,
- Menschen um mich, die mir als Vorbilder dienen und von denen ich lernen kann,
- Menschen um mich, die mich dabei unterstützen und bestärken, selbstbestimmt zu handeln,
- Menschen um mich, die mir helfen, wenn ich krank oder in Gefahr bin und die mich darin unterstützen, Neues zu lernen.

… ich bin (I am)

- eine Person, die von anderen wertgeschätzt und geliebt wird,
- froh, anderen helfen zu können und ihnen meine Anteilnahme zu signalisieren,
- respektvoll gegenüber mir selbst und anderen,
- verantwortungsbewusst für das, was ich tue,
- zuversichtlich, dass alles gut wird.

… ich kann (I can)

- mit anderen sprechen, wenn mich etwas ängstigt oder mir Sorgen bereitet,
- Lösungen für Probleme finden, mit denen ich konfrontiert werde,
- mein Verhalten in schwierigen Situationen kontrollieren,
- spüren, wann es richtig ist, eigenständig zu handeln oder ein Gespräch mit jemandem zu suchen,
- jemanden finden, der mir hilft, wenn ich Unterstützung brauche.

aus. Eine positive Eltern-Kind-Interaktion im Krabbelalter ist z. B. mit größerer Autonomie und sozialer Reife im Alter von zwei Jahren verbunden. Aus der harmonischen Beziehung zwischen den Eltern und dem Kind leitet sich später eine gute Anpassung in den Bildungseinrichtungen ab (schulische Kompetenz), was mit Erfolgserlebnissen und guten Schulleistungen verbunden ist und zur Entwicklung von Selbstwirksamkeitsüberzeugungen sowie einem positiven Selbstkonzept des Schulkindes beiträgt. Dies führt zu weniger Stresserfahrungen, positiven Sozialbeziehungen und besseren Unterstützungssystemen im Jugendalter.

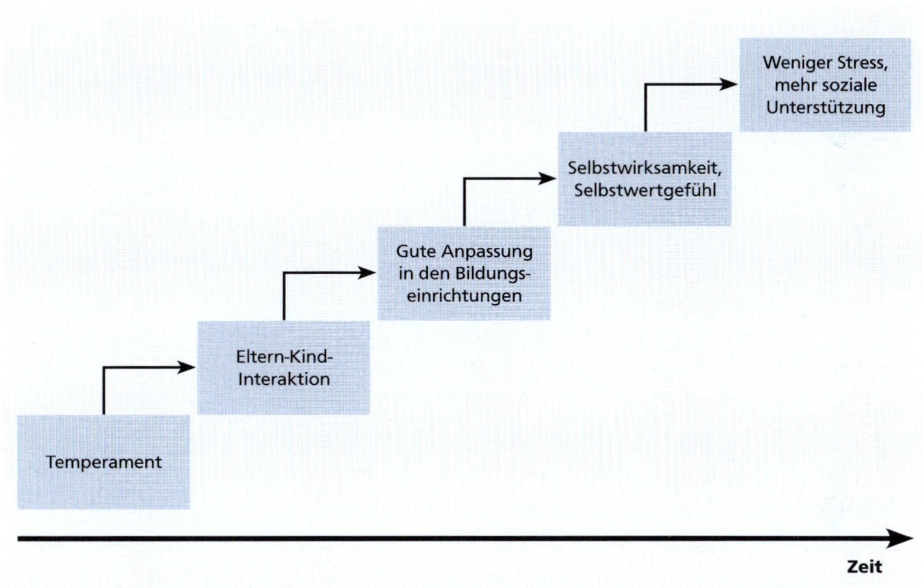

Abb. 7 Entwicklungsmodell zur Entstehung von Resilienz nach Werner (1993, modifiziert nach Laucht, Schmidt & Esser, 2000, S. 105)

8

Bedeutung der Resilienzforschung für die Bildungs- und Erziehungspraxis

In den vorangegangenen Kapiteln wurden die theoretischen Grundlagen und empirischen Befunde zu Resilienz beleuchtet. Nun stellt sich die entscheidende Frage, welche Implikationen sich hieraus für Prävention und Intervention sowie für die pädagogische Praxis ableiten lassen: Wie können solche Bewältigungskompetenzen wirksam gefördert werden? Dazu werden zunächst allgemeine Ziele und Schlüsselstrategien für Prävention und Intervention dargestellt. Im Anschluss daran wird gezeigt, an welchen Punkten Resilienzförderung in der pädagogischen Praxis konkret ansetzen kann. Hierzu werden zwei maßgebliche Förder-Ebenen beleuchtet und jeweils anhand von ausgewählten prototypischen Beispielen veranschaulicht: zum einen Resilienzförderung auf der individuellen Ebene und zum anderen Resilienzförderung auf der Beziehungsebene. Zum Abschluss des Kapitels wird explizit auf die Bedeutung von Kindertageseinrichtungen bei der Förderung von Resilienz eingegangen.

8.1 Allgemeine Ziele und Strategien der Resilienzförderung

Als zentrale Ziele aller Präventions- und Interventionsmaßnahmen in Bezug auf Resilienz lassen sich die *Verminderung von Risikoeinflüssen* sowie die *Erhöhung von Resilienz- und Schutzfaktoren* benennen (Masten 2001; Masten & Coatsworth, 1998; Petermann, 2003). Im Einzelnen ist hiermit gemeint,

- die Auftretenswahrscheinlichkeit von Risikoeinflüssen bzw. negativen Folgereaktionen zu vermindern,
- situative Bedingungen und die Stress- bzw. Risikowahrnehmung beim Kind (kognitive Bewertungsprozesse) zu verändern,
- die sozialen Ressourcen in der Betreuungsumwelt des Kindes zu erhöhen (in der Familie, in den Bildungseinrichtungen, im sozialen Umfeld, im Makrokontext),
- die kindlichen Kompetenzen zu steigern (Erhöhung personaler Ressourcen) und
- die Qualität interpersoneller Prozesse (Bindungsqualität, Erziehungsqualität, Qualität sozialer Unterstützung) zu verbessern.

Im Vordergrund steht also, bereits im Vorfeld bzw. in der Frühphase Entwicklungsrisiken zu beseitigen oder in ihren Wirkungen abzumildern sowie Bedingungen zu schaffen und Kompetenzen zu fördern, mit denen es gefährdeten Kindern bzw. Familien gelingt, belastende Erfahrungen zu bewältigen (Laucht et al., 2000).

In diesem Zusammenhang ergeben sich nach Masten (2001 b) folgende Schlüsselstrategien für die Konzipierung von Präventions- und Interventionsmaßnahmen:

- *Risiko-zentrierte Strategien*: Diese zielen darauf ab, das Ausmaß an Gefährdungen und risikoerhöhenden Bedingungen zu reduzieren bzw. deren Auftreten zu verhindern. Solche Maßnahmen können entweder als universelle Präventionsangebote oder als spezielle Angebote für Risikogruppen angelegt sein (z. B. pränatale Vorsorge, spezielle Hilfsangebote für Migrantenkinder, sozial benachteiligte Kinder, Trennungs- und Scheidungskinder oder Kinder, die den Tod eines Elternteils erlebt haben; vgl. hier auch das Modell der Interaktion ➛ Kap. 4.4.3).
- *Ressourcen-zentrierte Strategien*: Sie verfolgen das Ziel, die Effektivität vorhandener personaler und sozialer Ressourcen im Leben des Kindes zu erhöhen. Dabei steht die Kompetenzsteigerung sowohl beim Kind als auch bei seinen Bezugspersonen (Eltern, Erzieherinnen und Lehrern) im Vordergrund. Erwähnenswert sind in dem Zusammenhang beispielsweise
  - Präventionsangebote für Kinder zur Förderung von Problem- und Konfliktlösefertigkeiten, realistischen Attribuierungsmustern oder sozialer Kompetenz (➛ Kap. 8.2.1),
  - Elterntrainingsprogramme bzw. Angebote der Eltern- und Familienbildung zur Stärkung der elterlichen Erziehungskompetenz (➛ Kap. 8.2.2),
  - Fort- und Weiterbildungsangebote für pädagogische Fachkräfte zur Gewährleistung bzw. Verbesserung der pädagogischen Qualität in den Bildungseinrichtungen.
- *Prozess-zentrierte Strategien*: Diese versuchen, die grundlegenden protektiven Systeme wie das Bindungssystem, das Bewältigungsmotivationssystem oder selbstregulative Systeme (➛ Kap. 7.5), die für die kindliche Kompetenzentwicklung von elementarer Bedeutung sind, in die individuelle Entwicklung einzubinden und verfügbar zu machen (entwicklungsorientierte Prävention). Präventions- und Interventionsmaßnahmen fokussieren hier beispielsweise die Entwicklung und Sicherung einer positiven Eltern-Kind-Bindung (z. B. über Feinfühligkeitstrainings elterlichen Verhaltens) oder die Förderung von Stressbewältigungskompetenzen.

Nach Ramey und Ramey (1998, zitiert nach Scheithauer & Petermann, 2000 b, S. 347) können folgende Wirkprinzipien von Präventionsprogrammen als grundlegend betrachtet werden:

- *Zeitpunkt der Intervention*: Interventionen, die früh beginnen und langfristig angelegt sind, sind mit stärkeren positiven Effekten verknüpft als später beginnende und kurzzeitige Maßnahmen.
- *Zielpersonen*: Kindzentrierte Maßnahmen sind effektiver als ausschließlich elternzentrierte Prävention und Intervention. Interventionen, die beide Ebenen berücksichtigen, weisen die stärksten Effekte auf (vgl. z. B. Lösel, 2001).
- *Breite der Maßnahme*: Maßnahmen, die umfassend (in vielfältigen Bereichen) angelegt sind, sind mit stärkeren positiven Effekten verbunden (z. B. Förderung kognitiver und sozialer Fähigkeiten sowie Förderung positiven Gesundheitsverhaltens).
- *Kontinuität*: Fortwährende soziale Unterstützungssysteme erhöhen bzw. gewährleisten positive Entwicklungsverläufe.

Nachhaltige Erfolge bestimmen sich also entscheidend über den Beginn, die Dauer und Intensität von Präventions- und Interventionsmaßnahmen. Anhand dieser allgemeinen Wirkprinzipien kann bereits die enorme Chance, Resilienzförderung in bzw. über den Weg von Kindertageseinrichtungen anzusiedeln, hervorgehoben werden. Denn hier können alle aufgezeigten Aspekte gewährleistet werden (➛ Kap. 8.4).

8.2 Ansatzpunkte zur Resilienzförderung in Bildungs- und Erziehungskontexten

Aus den Ergebnissen der Resilienzforschung ergibt sich die Forderung, allen Kindern und speziellen Risikokindern frühzeitig, lang andauernd und intensiv Möglichkeiten anzubieten, dass sie diese wichtigen Basiskompetenzen erwerben können, die für die Bewältigung schwieriger Lebensumstände förderlich sind. Ein solcher primär- bzw. sekundärpräventiver Ansatz kann sich in Bildungs- und Erziehungskontexten maßgeblich auf zwei Ebenen konstituieren:[24]

24 Auf Makroebene beinhaltet Resilienzförderung darüber hinaus die Förderung sozialer Faktoren wie z. B. Armutsbekämpfung, gleichberechtigte Teilhabe an materiellen und sozialen Ressourcen aller Gesellschaftsmitglieder, Abbau von Kriminalität und Humanisierung der Arbeits- und Wohnwelt.

- **Resilienzförderung auf der individuellen Ebene:** direkt beim Kind (Förderung von Basiskompetenzen/Resilienzfaktoren)
- **Resilienzförderung auf der Beziehungsebene:** indirekt über die Erziehungs- bzw. Interaktionsqualität, d. h. mittelbar über die Erziehungsperson (Stärkung der Erziehungskompetenzen von Eltern und anderen Erziehungspersonen; Mediatorenwirkung ➛ Kap. 4.4.1).

8.2.1 Resilienzförderung auf der individuellen Ebene

Betrachtet man die empirischen Ergebnisse zu den personalen Ressourcen, so verweisen sie darauf, welche Fähigkeiten und Fertigkeiten grundlegend sind, um sich trotz schädigender Einflüsse angepasst (normal) entwickeln zu können (➛ Kap. 7.2). Im Vordergrund einer Resilienzförderung steht deshalb, Kinder in der Entwicklung dieser entscheidenden Kompetenzen zu unterstützen.

Als Ansatzpunkte können dabei folgende Bereiche hervorgehoben werden:

Förderung von

- Problemlösefertigkeiten und Konfliktlösestrategien
- Eigenaktivität und persönlicher Verantwortungsübernahme (Schaffen von Möglichkeiten der Partizipation und des kooperativen Lernens)
- Selbstwirksamkeit und realistischen Kontrollüberzeugungen
- positiver Selbsteinschätzung des Kindes (Stärkung des Selbstwertgefühls)
- kindlichen Selbstregulationsfähigkeiten
- sozialen Kompetenzen, insbesondere Empathie und sozialer Perspektivenübernahme
- Stressbewältigungskompetenzen (effektiven Coping-Strategien)
- körperlichen Gesundheitsressourcen

Diese Förderaspekte können als Basis für die Konzipierung von Präventionsmaßnahmen dienen und entscheidende Anhaltspunkte für curriculare Konzepte liefern. Für eine Umsetzung einzelner Förderaspekte in der pädagogischen Praxis können dabei folgende ausgearbeitete und wissenschaftlich fundierte Präventionsprogramme bereits erste Anregungen und Impulse geben:

- **Trainingsprogramm zur Veränderung maladaptiver Attributionsmuster** (Julius & Goetze, 1998 a, 1998 b, 2000): Im Vordergrund dieses Trainings steht die Entwicklung von realistischen Ursachenzuschreibungen (Attributionen) und Kontrollüberzeugungen sowie die Mobilisierung sozialer Unterstützung. Kinder lernen anhand von Bildtafeln und Identifikationsgeschichten:
  - dass es internale (auf Fähigkeiten und Anstrengungen bezogene) und externale (auf Aufgabenschwierigkeit, Glück und Zufall bezogene) Attributionen gibt,
  - dass Gedanken ursächlich für die Entstehung von Gefühlen sein können,
  - dass Gefühle in einer Situation von der Bewertung dieser Situation abhängig sind und
  - dass die günstigste Form der Bewältigung schwieriger Situationen darin besteht, sich Hilfe und Unterstützung zu holen.

  Darüber hinaus basiert dieses Trainingsprogramm auf dem „Buddy-Prinzip", d.h. Partnerarbeit bzw. Arbeit in Zweiergruppen von Kindern mit günstigen (funktionalen) und ungünstigen (dysfunktionalen) Attributionsmustern (positive Modellwirkung).
  Zielgruppe: Kinder im Grundschulalter
  Setting: 6 Wochen mit jeweils 2 Unterrichtstunden
  Methodik: Bildtafeln, Identifikationsgeschichten, Problemanalysen, Partnerarbeit.

- **Programm „I can problem solve" (ICPS) zur Verbesserung von Problemlösestrategien und sozialer Perspektivenübernahme** (Shure & Spivack, 1981): Dieses Programm zielt u.a. darauf ab, die eigenen Gefühle und die Gefühle anderer Menschen wahrzunehmen, zu benennen bzw. mit verschiedenen Gefühlen angemessen umgehen zu können und Problemlösefertigkeiten zu erwerben (z.B. Probleme zu erkennen und zu analysieren, Ziele zu formulieren, verschiedene Lösungen zu generieren, Kompromisse zu suchen, Konsequenzen herausfinden und bedenken). Eine Adaption dieses Programms wurde jüngst unter dem Namen „Ich kann Probleme lösen" an der Universität Erlangen entwickelt (Beelmann, 2003). Im Rahmen des dortigen Forschungsprojekts „Förderung von Erziehungskompetenzen und sozialen Fertigkeiten in Familien: Eine kombinierte Präventions- und Ent-

wicklungsstudie zu Störungen des Sozialverhaltens“ (vgl. Lösel, 2001) wird das Programm in Kindergärten erprobt und evaluiert (die folgenden Angaben beziehen sich auf diese Adaption).
Zielgruppe: Kinder im Alter von 4–6 Jahren
Setting: ca. 6–10 Kinder; 15 Sitzungen à 60 Minuten über 3 Wochen
Methodik: Rollenspiele, Problemanalysen, Spiele, Diskussion.

- **Stresspräventionstraining „Bleib locker“** (Klein-Heßling & Lohaus, 2000) und **„Anti-Stress-Training für Kinder“** (Hampel & Petermann, 1998): Hauptziele dieser Programme sind:
  – das Kennenlernen eines anschaulichen Stressmodells (Modell der „Stresswaage“),
  – die Verbesserung der Fähigkeit, eigene Stressreaktionen zu erkennen und stressauslösende Situationen wahrzunehmen und zu bewerten,
  – das Erlernen neuer Stressbewältigungsstrategien,
  – die Erhöhung der bei sich selbst wahrgenommenen Kompetenzen zur Problembewältigung und
  – die Verbesserung des eigenen Selbstwertgefühls (Lohaus & Klein-Heßling, 1999).

  Als Stressbewältigungsstrategien werden dabei der Ausdruck eigener Stresserlebnisse („Sich über Stress mitteilen“), die Berücksichtigung von Anspannung und Entspannung („Sich ausruhen und erholen“; Spiel und Spaß), Problemlösefähigkeiten und die Nutzung von Selbstinstruktionstechniken vermittelt. Im Hinblick auf das Problemlösen werden Kinder beispielsweise an folgendes Handlungsschema herangeführt: Problemdefinition – Lösungssuche – Lösungserprobung – Lösungsbewertung – evtl. Neudefinition des Problems.
  Zielgruppe: Kinder im Grundschulalter
  Setting: ca. 10 Kinder, 8 Sitzungen à 1½ Stunden, 2 begleitende Elternabende
  Methodik: Problemanalysen, Rollenspiele, Entspannungs- und Auflockerungsübungen, Comics, Hörspiele.

- **FAUSTLOS-Curriculum zur Förderung sozial-emotionaler Kompetenzen und zur Gewaltprävention** (Cierpka, 2001; Cierpka et al. o. J.): Dieses Programm verfolgt das Ziel der Gewaltprävention über den Weg der Förderung von Empathie, sozialer Perspektivenübernahme, Impuls- bzw. Selbstkontrolle (Frustrationstoleranz) und Konfliktlösefähigkeit. Im Vordergrund steht dabei, mit Hilfe von Interaktionsübungen, Problemgeschichten und Rollenspielen einen angemessenen, reflektierten Umgang mit eigenen Gefühlen (wie Angst, Wut, Ärger) und äußeren Konflikten zu lernen sowie konstruktive, interpersonale Problem- und Konfliktlösestrategien anzuwenden (diplomatisches Streitverhalten).

Zielgruppe: Kindergartenkinder und Grundschulkinder der 1.–3. Klasse (für jede Gruppe gibt es jeweils eine Version)
Setting: 51 Lektionen (Grundschul-Curriculum), 28 Lektionen (Kindergarten-Curriculum), 1–2 Lektionen pro Woche
Methodik: Fotofolien/Fotokartons, Geschichten, Rollenspiele, Handpuppen (Kindergarten).

- **Das „Penn Prevention Programme"** (Seligman; eine Adaption ist im deutschen unter dem Titel „Kinder brauchen Optimismus", 1999, erschienen): Dieses Programms zielt auf die Förderung von optimistischen Gedanken, problemzentrierten Coping-Strategien (insbesondere positive Selbstinstruktion), realistischen Kontrollüberzeugungen/Attributionsmustern und Konfliktlösefähigkeiten. Mit Hilfe von Bildergeschichten und Figuren (z.B. „Holly Hoffnung", „Trüber Tim", „Pessimistische Petra") werden Kinder an das ABC-Modell herangeführt: (A) Misserfolgserlebnis, (B) Deutungen/Vermutungen/Interpretationen, (C) Folgen. Anhand dieses Modells sollen die Kinder lernen, dass Gefühle nicht unmittelbar durch unangenehme Erlebnisse, sondern durch Gedanken ausgelöst werden.
  Zielgruppe: Grundschulkinder
  Setting: 12 Sitzungen
  Methodik: Bildergeschichten, Spiele, Rollenspiele, Diskussion und Video.

- **Gruppeninterventionsprogramme für Kinder in Trennungs- und Scheidungssituationen** (vgl. z.B. das „Gruppentraining mit Kindern aus Trennungs- und Scheidungsfamilien" von Jaede, Wolf & Zeller-König, 1996, und das „Gruppeninterventionsprogramm für Kinder mit getrennt lebenden oder geschiedenen Eltern – TSK Trennungs- und Scheidungskinder" von Fthenakis et al., 1995): Diese Programme haben zum Ziel, dem Chaos der elterlichen Trennung/Scheidung eine stabilisierende Struktur entgegenzusetzen. Im Mittelpunkt steht:
  - die Vermittlung von Coping-Strategien für einen konstruktiven Umgang mit der veränderten Familiensituation,
  - der Ausdruck von scheidungsbezogenen Gefühlen,
  - der Erwerb einer realistischen Perspektive (Normalisierung der eigenen Sichtweise),
  - die positive Wahrnehmung der eigenen Person und Familie (Abbau von Schuldgefühlen, Stärkung des Selbstwertgefühls) sowie
  - die Etablierung von neuen sozialen Netzen.

  Mit Hilfe von projektiven Materialien werden u.a. folgende Themen gemeinsam bearbeitet: Gefühle, Streit zwischen Eltern, scheidungsbedingte Veränderungen, der neue Partner, Besuchsregelungen und Zukunftsgedanken.

Zielgruppe: Kinder im Grundschulalter (zwischen 6 und 12 Jahren)
Setting: ca. 15 Sitzungen à 90 Minuten, ca. 6–10 Kinder, begleitende Elternarbeit
Methodik: Gesprächskreise, Geschichten, Puppen- und Rollenspiele, Phantasiereisen, Bewegungsspiele.

Zukünftig wäre es wünschenswert, wenn ein umfassendes Präventions- bzw. Fördermodell (Gesamtkonzept zur Resilienzförderung) entwickelt und erprobt würde, das versucht, mehrere der aufgezeigten Förderbereiche in sich zu vereinen. Da es sich – wie die vorangegangenen Kapiteln gezeigt haben – bei dem Resilienzphänomen um ein äußerst komplexes Zusammenspiel verschiedenster Faktoren handelt, sollten nicht nur einzelne Förderaspekte jeweils isoliert im Mittelpunkt stehen.

Im Folgenden wird anhand eines konkreten Mediums, d. h. anhand von Märchen und Geschichten, eine Möglichkeit aufgezeigt, wie resiliente Verhaltensweisen auf natürliche Weise im pädagogischen Alltag gefördert werden können.

Kleine Projektarbeiten (z. B. sachbezogene Projekte wie „Gemeinsam die Natur erforschen“ oder „Kunst erleben“, Musik-, Theater- oder Tanzprojekte) können darüber hinaus eine weitere Möglichkeit darstellen, Resilienzförderung in der Alltagspraxis in Kindertageseinrichtungen umzusetzen. Sie regen dazu an, sich Ziele zu setzen, eigenverantwortlich zu planen, sich zu organisieren und zu engagieren sowie nach kreativen Lösungen zu suchen. Da die Kinder dann auch Teil eines gemeinschaftlichen Prozesses sind, werden zudem ihre kooperativen und prosozialen Fähigkeiten gestärkt. Sie können auf diese Weise ein Zusammengehörigkeitsgefühl sowie die Überzeugung entwickeln, dass ihr Leben einen Sinn hat, für den es sich lohnt, sich einzusetzen. Ein zusätzlicher Lerneffekt kann dabei sein, mit Fehlern und Misserfolg umzugehen, sprich Fehler nicht als Missgeschicke und Versagen, sondern als Herausforderung und Lernchance zu betrachten.

Beispiel zur pädagogischen Umsetzung: Der Umgang mit Märchen und Geschichten[25]

Nach Joseph (1994) sind Märchen und Geschichten sehr gut dazu geeignet, resiliente (und auch anti-resiliente) Verhaltensweisen zu veranschaulichen. Sie ermöglichen einerseits, verschiedene Perspektiven einzunehmen und Pro-

25 Die folgenden Ausführungen basieren z. T. auf Ausarbeitungen von R. Kropp.

blemlösungen nachzuvollziehen, andererseits können sie Kindern wichtige Verhaltensmodelle an die Hand geben. Darüber hinaus können sie ganz allgemein ablenkend und entlastend wirken, sozusagen als „Auszeit" von Sorgen und Problemen. Im pädagogischen Kontext erfüllen Märchen und Geschichten laut Joseph also zwei Funktionen: eine inhaltliche/unterhaltsame und eine moralische.

Resilienzfördernde Märchen und Geschichten weisen u. a. folgende typische Merkmale auf:

- Im Mittelpunkt der Geschichte steht die Bewältigung eines Problems bzw. einer schwierigen Situation.
- Die Lösung des Problems geschieht durch den Protagonisten selbst, nicht durch äußere Umstände oder andere Personen. Der Protagonist wird von sich aus aktiv und ändert selbst die Situation (Eigenaktivität).
- Der Protagonist übernimmt Verantwortung für das, was in seinem Leben geschieht (Verantwortungsübernahme).
- Der Protagonist hat den Glauben an die eigene Fähigkeit, die Anforderungen der Umwelt zu bewältigen (Selbstwirksamkeitsüberzeugung).
- Der Protagonist lässt sich von Rückschlägen nicht entmutigen, sondern hat eine optimistische und zuversichtliche Lebenseinstellung.
- Der Protagonist verfügt über ein positives Selbstbild und ist sich seiner Stärken bewusst (Selbstwertgefühl). Sein positives Selbstbild verhilft ihm dazu, konstruktiv soziale Beziehungen aufzubauen und soziale Unterstützung zu mobilisieren.
- Der Protagonist fühlt sich für andere verantwortlich (Hilfsbereitschaft/ Verpflichtungsgefühl).

Im Anschluss an das Lesen des Märchen/der Geschichte kann mit gezielten Fragen die Persönlichkeit des Protagonisten sowie dessen Art der Problemlösung gemeinsam herausgearbeitet werden. Dabei bietet es sich zunächst an, das Märchen/die Geschichte kurz zusammenzufassen und das Kind zu fragen: Was hat Dir an der Geschichte am besten gefallen? Die Antwort des Kindes gibt einen Anhaltspunkt dafür, welche Thematik das Kind am meisten angesprochen hat. Weitere hilfreiche Fragen sind:

- Was könnte der Held der Geschichte jetzt tun?
- Wer kann ihm helfen?
- Welchen anderen Lösungsweg hätte es gegeben?
- Wie hättest Du Dich verhalten?
- Hast Du so etwas auch schon einmal erlebt?
- Gibt es Ähnlichkeiten zwischen Dir und dem Helden?

Diese Fragen zielen darauf ab, das Kind auf die eigenen Problembewältigungskompetenzen bzw. seine Kreativität im Hinblick auf alternative Lösungswege hinzuweisen und zu bestärken.

Bei der *Vorbereitung der Auswahl und des Einsatzes* von Märchen/Geschichten können der Erziehungsperson folgende Fragen helfen:

- Welche Inhalte werden vermittelt?
- Welche Figur kann gezielt als Modell eingesetzt werden?
- Welche Verhaltensweisen und Einstellungen werden hier sichtbar?
- Wird/Ist das Problem für das Kind klar erkennbar?
- Sind Lösungsversuche erkennbar/vorhanden? Nach welchen Lösungen/ Hilfen könnte gemeinsam gesucht werden?

Als Beispiele für resilienzfördernde Märchen und Geschichten können u. a. folgende benannt werden:

- „Die Bremer Stadtmusikanten“
- „Hänsel und Gretel“
- „Swimmy” von Leo Leonni
- „Das kleine Ich bin Ich“ von Mira Lobe
- „Ronja Räubertochter“ von Astrid Lindgren
- „Die Brüder Löwenherz“ von Astrid Lindgren
- „Die Prinzessin auf dem Kürbis“ von Heinz Janisch.

Es besteht aber auch die Möglichkeit, eine Geschichte mit dem Kind gemeinsam zu entwickeln, in der es um die Bewältigung einer schwierigen Situation geht (beispielsweise mit Details aus dem Alltag des Kindes). Denn je ähnlicher der Held dem Kind ist, umso besser kann es sich mit ihm identifizieren. Wenn die Geschichte gemeinsam entwickelt wird, können beim Erzählen verschiedene Rollen übernommen werden, die dann auch gewechselt werden können. Das Kind lernt dadurch, verschiedene Perspektiven einzunehmen und sich auf den bzw. die anderen einzustellen.

„Swimmy" von Leo Leonni

Geschichte: Das Bilderbuch „Swimmy" handelt von dem Fisch Swimmy, der Mitglied eines großen Schwarms von Fischen im Meer ist. Er ist anders als die anderen: Er hat eine andere Farbe (er ist schwarz, alle anderen sind rot) und er schwimmt auch schneller als alle anderen. Eines Tages wird der gesamte Schwarm von einem großen Fisch gefressen. Nur Swimmy kann entkommen. Alleine und traurig macht sich Swimmy auf den Weg in den großen Ozean. Dort begegnet er allerhand wunderbaren Geschöpfen des Meeres und ist bald nicht mehr traurig. Als er eines Tages an einem Felsschatten einen Schwarm von roten Fischen entdeckt, der seinen alten Freunden sehr ähnlich ist, versucht er, diese Fische zu überreden, mit ins große Meer zu schwimmen. Die Fische haben jedoch Angst, dort von einem großen Fisch gefressen zu werden. Swimmy denkt nach und hat schließlich den rettenden Einfall: Alle Fische sollen einen Riesenfisch bilden, einen Fisch aus Fischen. Swimmy übernimmt dabei die Rolle des wachsamen Auges, und gemeinsam geht der Schwarm auf Entdeckungsreise ins weite Meer.

Die Geschichte ist reich an *resilienten Inhalten*:

- Zunächst ist der Protagonist einer belastenden Lebenssituation ausgesetzt: Er erlebt, wie seine Freunde gefressen werden.
- Swimmy verharrt dennoch nicht apathisch in der Situation, sondern macht sich alleine auf den Weg in den großen Ozean. Hierbei wird sowohl seine Eigenaktivität als auch seine Neugier sichtbar.
- Als Swimmy darüber nachdenkt, wie er die anderen Fische überreden könnte, mit zu schwimmen, verfolgt er zwei Ziele: Zum einen möchte er nicht mehr alleine sein, zum anderen möchte er, dass die anderen Fische ebenfalls mutiger werden und die Schönheiten des Meeres kennen lernen. Er fühlt sich also den anderen Fischen gegenüber verpflichtet.
- Die Lösung erscheint nicht von außen, sondern Swimmy fühlt sich selbst kompetent genug, nachzudenken und eine Lösung zu finden. Für die Lösung des Problems bedient er sich dabei auch seiner externen sozialen Ressourcen: Gemeinsam formieren sie sich als Riesenfisch.
- Mit dieser Lösung beweist der Protagonist Kreativität.
- In der Formation des Riesenfisches spielt Swimmy die Rolle des wachsamen Auges und übernimmt damit Verantwortung.
- Die Begegnung mit dem großen Fisch, der die Freunde verschlungen hat, wird von dem Protagonist als nützliche Erfahrung umgedeutet, indem er das Wissen um die Macht eines Riesenfisches nutzt.

8.2.2 Resilienzförderung auf der Beziehungsebene

In den folgenden Ausführungen wird auf den zweiten Förderaspekt eingegangen, wie Resilienz auf Beziehungsebene, d. h. über eine hohe Erziehungs- bzw. Interaktionsqualität zwischen Erziehungsperson (den Eltern) und Kind gefördert werden kann. Im Vordergrund steht hier vor allem, Eltern und andere Erziehungspersonen in ihren Erziehungskompetenzen zu stärken. Bevor dazu einzelne Ansatzpunkte, Ziele und Inhalte näher vorgestellt werden, werden zunächst bedeutende Erziehungs- bzw. Handlungsstrategien dargelegt, die für eine psychisch gesunde Entwicklung wesentlich sind.

Erziehungsmaxime zur Förderung von Resilienz in der Erzieher-Kind-Interaktion

Vor dem Hintergrund der empirischen Befunde lassen sich Erziehungs- bzw. Handlungsstrategien unterstreichen, wie in der unmittelbaren Interaktion mit dem Kind entscheidende Kompetenzen bzw. Resilienzfaktoren gestärkt werden können (➛ Tab. 10). Denn nur in der aktiven und direkten Interaktion mit anderen Menschen entwickeln Kinder ein Gefühl der Handlungskompetenz, der eigenen Gestaltungsfähigkeit und Bedeutsamkeit.

Bei den meisten Handlungsstrategien handelt es sich dabei im Grunde um originäre sozialpädagogische Maxime, die als solche auch bereits tagtäglich in der pädagogischen Praxis zum Einsatz kommen. Das vordergründige Ziel besteht hier vielmehr darin, bei allen Erziehenden einen Bewusstseinsprozess bzw. eine Bewusstseinserweiterung dahingehend auszulösen,

- dass resilientes Verhalten grundlegend in der alltäglichen Interaktion mit dem Kind gefördert wird und
- dass hier die Basis liegt, dass Kinder solche entscheidenden Bewältigungskompetenzen entwickeln können, und damit jeder Erziehungsperson mit ihren Erziehungseinstellungen, -handlungen und ihrem Bild vom Kind eine entscheidende Rolle bei der Förderung von Resilienz zukommt.

Jeder Erziehende kann mit seinem Handeln im alltäglichen Umfeld dazu beitragen, dass das Kind Vertrauen in die eigene Kraft und die eigenen Fähigkeiten gewinnt, dass es sich selbst als wertvoll erlebt und dass es durch seine eigenen Handlungen Veränderungen bewirkt. Hinter dieser Betonung steht die Absicht, bei Eltern und Erziehungspersonen, *Reflexions- und Veränderungsprozesse* anzuregen und zu unterstützen – und zwar in folgender Hinsicht: An welchen Punkten lässt sich zukünftig in der eigenen erzieherischen

Praxis sowie dem eigenen erzieherischen Verhalten (noch) stärker ansetzen, um Kinder bei der Entwicklung dieser wichtigen Lebenskompetenzen zu unterstützen? Wie trage ich mit meinem erzieherischen Verhalten z. B. dazu bei, dass das Kind Verantwortung für sich und sein Handeln übernimmt und Problemlösefertigkeiten entwickelt? Wie fördere ich die Kontrollüberzeugung des Kindes?

Die nachfolgenden Ausführungen können hier erste Anregungen und Hinweise liefern – sie erheben allerdings keinesfalls den Anspruch auf Vollständigkeit (➛ Tab. 10). Denn wie bereits in vorangegangenen Kapitel mehrfach dargelegt wurde, ist die Entwicklung von Resilienz in vielfältigsten Faktoren und System-Ebenen begründet (➛ Kap. 4.5 und 7.5).

Resiliente Verhaltensweisen können gefördert werden, indem man ...	**Förderung von**
das Kind ermutigt, seine Gefühle zu benennen und auszudrücken.	Gefühlsregulation/ Impulskontrolle
dem Kind konstruktives Feedback gibt (das Kind konstruktiv lobt und kritisiert).	positiver Selbsteinschätzung/ Selbstwertgefühl
dem Kind keine vorgefertigten Lösungen anbietet (vorschnelle Hilfeleistungen vermeidet).	Problemfähigkeit/ Verantwortungsübernahme/ Selbstwirksamkeitsüberzeugungen
das Kind bedingungslos wertschätzt und akzeptiert.	Selbstwertgefühl/Geborgenheit
dem Kind Aufmerksamkeit schenkt (aktives Interesse an den Aktivitäten des Kindes zeigt; sich für das Kind Zeit nimmt).	Selbstwertgefühl/Selbstsicherheit
dem Kind Verantwortung überträgt.	Selbstwirksamkeitsüberzeugungen/Selbstvertrauen/Selbstmanagement
das Kind ermutigt, positiv und konstruktiv zu denken.	Optimismus/Zuversicht
dem Kind zu Erfolgserlebnissen verhilft.	Selbstwirksamkeitsüberzeugungen/Selbstvertrauen/Kontrollüberzeugung

Resiliente Verhaltensweisen können gefördert werden, indem man ...	**Förderung von**
dem Kind dabei hilft, eigene Stärken und Schwächen zu erkennen.	positiver Selbsteinschätzung/ Selbstvertrauen
dem Kind hilft, soziale Beziehungen aufzubauen.	sozialer Perspektivenübernahme/ Kooperations- und Kontaktfähigkeit
dem Kind hilft, sich erreichbare Ziele zu setzen.	Kontrollüberzeugung/ Zielorientierung/ Durchhaltevermögen
realistische, altersangemessene Erwartungen an das Kind stellt.	Selbstwirksamkeitsüberzeugungen/Kontrollüberzeugung
dem Kind Zukunftsglauben vermittelt.	Optimismus/Zuversicht
das Kind in Entscheidungsprozesse einbezieht.	Kontrollüberzeugung/ Selbstwirksamkeit
dem Kind eine anregungsreiche Umgebung anbietet und Situationen bereitstellt, in denen das Kind selbst aktiv werden kann.	Explorationsverhalten/ Selbstwirksamkeit
Routine in den Lebensalltag des Kindes bringt.	Selbstmanagement/ Selbstsicherheit
das Kind nicht vor Anforderungssituationen bewahrt.	Problemlösefähigkeit/ Mobilisierung sozialer Unterstützung
dem Kind hilft, Interessen und Hobbys zu entwickeln.	Selbstwertgefühl
ein „resilientes" Vorbild ist (dabei aber authentisch bleibt).	Effektiven Bewältigungsstrategien

Tab. 10 Erziehungsmaxime zur Förderung von Resilienz in der Erzieher-Kind-Interaktion

Wenn Kinder beispielsweise von früh an in wichtige Entscheidungsprozesse eingebunden werden, können sie ein Gefühl entwickeln, selbstwirksam zu sein und Kontrolle über ihr eigenes Leben zu haben. Wenn Kindern realisierbare, kleine Verantwortlichkeiten übertragen werden, gewinnen sie Vertrauen in die eigenen Fähigkeiten und lernen, selbstbestimmt zu handeln. Wenn Kinder schon von einem frühen Entwicklungszeitpunkt an vermittelt bekommen, dass sie sich mit Problemen an ihre Eltern oder an andere Personen aus ihrem Umfeld wenden können und bei ihnen Gehör finden, wird ihnen die Grundeinstellung vermittelt, sich in Problemsituationen um soziale Unterstützung zu bemühen (Lohaus & Klein-Heßling, 1999). Wenn Kinder frühzeitig lernen, sich auf ihre Stärken zu besinnen sowie das Positive an sich selbst und an belastenden Situationen zu sehen, werden sie sich von Problemen weniger verunsichern lassen und somit weniger Stress erfahren. Wenn Kinder erleben, dass nahe Bezugspersonen Erholung, Entspannung und Ruhepausen als Maßnahmen einsetzen, um mit eigenen Anforderungen besser umgehen zu können, lernen Kinder, diese Maßnahmen auch für sich zu nutzen. Wenn an Kinder Anforderungen gestellt werden, die von ihnen auch bewältigt werden können, können sie Erfolgserlebnisse sowie ein Gefühl eigener Kompetenz erfahren. Wenn Kinder sehen, dass man sich mit Problemen bewusst auseinander setzen kann und sich Konflikte gemeinsam lösen lassen, weichen sie Problemen nicht aus, sondern lernen, nach Lösungen zu suchen. Wenn Kindern geholfen wird, ihre Bedürfnisse zu erkennen und zu verwirklichen und wenn sie frühzeitig mitentscheiden dürfen, können sie einen Sinn in ihrem Leben entdecken.

Stärkung von (elterlichen) Erziehungskompetenzen

Nicht nur vor dem Hintergrund der Resilienzforschung, sondern auch vor dem Hintergrund dessen, dass die Wahrnehmung der Elternrolle in den letzten Jahrzehnten generell anspruchsvoller geworden ist, und die Anforderungen an die Eltern stark angestiegen sind, sind Elternkompetenzen gefragt wie nie zuvor.[26] Hinzu kommt, dass traditionelle Erziehungsvorstellungen immer mehr an Bedeutung verlieren und somit die eigene erlebte Erziehung als Modell vielfach nicht mehr ausreichend bzw. geeignet ist. Viele Eltern fühlen sich deshalb bei der Bewältigung der erzieherischen Anforderungen zunehmend verunsichert. Die Flut an Erziehungsratgebern auf dem Büchermarkt, die hier eigentlich Abhilfe schaffen will, mag diese Orientierungslosigkeit dabei eher noch verstärken. Nicht selten wird auch Eltern die Verantwortung für die Probleme ihrer Kinder bzw. für deren Fehlverhalten zugeschoben – dies beispielsweise auch in dem Sinne, dass Eltern für die Bildungsdefizite ihrer Kinder verantwortlich gemacht werden. Viele Eltern sehen sich so immer mehr einem Druck an Erwartungen von außen hilflos ausgesetzt. Eigene Probleme bzw. eigener Stress können diese Situation zusätzlich noch verschärfen.

26 Die PISA-Studie hat die Bedeutung der familialen Bildungs- und Erziehungsleistungen ganz besonders ins öffentliche Blickfeld gerückt.

Aus diesen Gründen ist es angezeigt, Eltern frühzeitig und kontinuierlich in ihrer Erziehungsverantwortung zu unterstützen sowie sie in ihren interpersonalen Fähigkeiten zu stärken, die für den Aufbau einer positiven Beziehung zu ihrem Kind wesentlich sind. Dass ein solches positives Elternverhalten entscheidend zur Entwicklung von Resilienz beiträgt, wurde in vorangegangenen Ausführungen bereits mehrfach dargelegt (➛ Kap. 7.3).

Im Mittelpunkt der Stärkung von (elterlichen) Erziehungskompetenzen steht vor allem die Förderung

- eines autoritativen Erziehungsstils,
- einer konstruktiven Kommunikation zwischen Erziehungsperson und Kind,
- eines positiven Modellverhaltens,
- effektiver Erziehungstechniken (effektiver Einsatz von Belohnung, Lob und Ermutigung),
- elterlichen Kompetenzgefühls sowie
- elterlicher Konfliktlösestrategien.

Eine konstruktive Form der Kommunikation zwischen Erziehungsperson und Kind kennzeichnet sich beispielsweise durch[27]:

- ein *kongruentes Gesprächsverhalten*: Eine Kommunikation ist dann als kongruent zu bezeichnen, wenn die verbale Äußerung der Person mit der Art und Weise, wie sie sich dabei verhält, d. h. welchen Tonfall, welche Mimik und Gestik sie verwendet, übereinstimmt. Beispielsweise ist die Aussage einer Mutter „Ich weiß, dass du das kannst!“ verbunden mit einem Schulterklopfen als kongruent zu betrachten, da die einzelnen Kommunikationsbausteine – verbale Äußerung und körperliche Bekräftigung – zusammenpassen. Ein Vater, der z. B. zu seinem Kind sagt „Ich mache mir Sorgen wegen Deiner Schulnoten!“ und gleichzeitig lacht und das Kind nicht ermutigt, sich mehr für die Schule zu engagieren, zeigt ein inkongruentes Kommunikationsverhalten.
- eine *offene und unterstützende Gesprächsbasis*: Dies kennzeichnet sich u. a. dadurch, dass sich die Erziehungsperson als guter Zuhörer erweist. Ein guter Zuhörer hört nicht nur zu, was die andere Person sagt, sondern er vermittelt dem Erzähler gleichzeitig Unterstützung und Wertschätzung. Dabei kann zwischen zwei Formen des Zuhörens differenziert werden: dem passiven Zuhören und dem aktiven Zuhören. Beim passiven Zuhören wird die Konversation vom Zuhörer kaum kommentiert oder interpretiert; er hört nur zu und bringt gegebenenfalls seine Aufmerksamkeit zum Ausdruck. Beim aktiven Zuhören wiederholt die Erziehungsperson die Aussage des

27 Die folgenden Ausführungen basieren z. T. auf Ausarbeitungen von E. Brandmayr.

Kindes mit eigenen Worten, um zu überprüfen, ob sie es auch wirklich verstanden hat; anschließend teilt sie ihm seine Gedanken und Gefühle bezüglich des Gesagten mit. Aktives Zuhören ist vor allem dann wirksam, wenn es Kindern schwer fällt, ihre Gefühle, Gedanken und Ängste auszudrücken. Es kann sie darin unterstützen, Probleme zu identifizieren und Lösungsstrategien zu entwickeln.

- die *Verwendung von Ich-Botschaften* und die *Vermeidung von Du-Botschaften*: Ich-Botschaften beinhalten Informationen darüber, wie sich das Verhalten des Kindes auf andere Personen auswirkt. Sie greifen die Person des Kindes nicht an (z. B. „Ich kann mich nicht ausruhen, wenn du so laut schreist!" anstatt „Du benimmst dich unmöglich!").
- *konstruktives Loben* bzw. *konstruktives Kritisieren*: Konstruktives Loben beschreibt genau das, was das Kind getan hat und wie sich diese Handlung auf andere auswirkt. Konstruktives Kritisieren beinhaltet, was das Kind falsch gemacht hat, welche Auswirkungen aus dem Verhalten für die Umwelt entstehen und wie es sich alternativ hätte verhalten können. Dabei wird immer auf das *spezifische* Verhalten des Kindes, niemals auf die gesamte Persönlichkeit des Kindes Bezug genommen („Ich hatte dich doch gebeten, deine Malsachen vom Tisch zu räumen, da wir gleich essen wollen – du könntest sie ja für diese Zeit in dein Zimmer bringen, danach kannst du dein Bild gerne am Tisch fertig malen!" anstatt „Auf dich kann ich mich wirklich nie verlassen!"). Das Kind kann somit aus „falschem" Verhalten lernen und seine Handlungsstrategien durch Alternativen erweitern.

Eine Möglichkeit, solche wesentlichen Erziehungsmerkmale zu fördern, stellen Angebote der Eltern- und Familienbildung, insbesondere Elterntrainings[28] dar. Folgende Elterntrainings können in diesem Zusammenhang beispielsweise hervorgehoben werden:

- Das „Parent Effectiveness Training (PET)" (Gordon, 1978)
- Das „Systematic Training for Effective Parenting (STEP)" (Dinkmeyer, McKay & Dinkmeyer, 2001)
- Das „Triple P – Positive Parenting Program" (Sanders, Markie-Dadds & Turner, 1999; vgl. auch Kuschel et al., 2000)
- Das „Early Childhood Parenting Skills Program (ECPS)" (Abidin, 1996)

28 „Ein typisches Elterntrainingsprogramm (institutionelle Elternbildung) klärt mit den Teilnehmern die Ziele hinsichtlich des eigenen Erziehungsverhaltens und des Verhaltens der Kinder, läßt die Teilnehmer über Erziehereinstellungen sprechen, vermittelt Wissen über Zusammenhänge erzieherischer Maßnahmen mit kindlichen Verhaltensweisen, läßt bestimmte Erziehungsmaßnahmen üben, z. B. wie man mit einem Kind in einer Konfliktsituation spricht, auf welche Weise man belohnen oder bestrafen soll oder wie man sich mit Kindern unterschiedlicher Altersgruppen beschäftigt. Häufig wird auch die selbst erfahrene Erziehung in der Herkunftsfamilie thematisiert (vor allem bei den psychodynamisch orientierten Programmen), oder es wird darüber gesprochen, was es für die einzelnen bedeutet, Vater bzw. Mutter zu sein" (Minsel, 1999, S. 605).

- Das Konzept „Stressmanagement im Erziehungsalltag“ (Schwarzer, Meißen & Buchwald, 2001)
- Der Elternkurs „Starke Eltern – Starke Kinder®“ (Honkanen-Schobert & Jennes-Rosenthal, 2000; Tschöpe-Scheffler & Niermann, 2002)
- Der Elternkurs „Familienteam – Das Miteinander stärken®“ (Graf, 2003).

Im Folgenden werden zwei primärpräventive Ansätze zur Stärkung elterlicher Erziehungskompetenzen detaillierter vorgestellt: zum einen der Elternkurs „Starke Eltern – Starke Kinder®“ und zum anderen die interaktive CD-ROM „Freiheit in Grenzen“. Die Auswahl dieser beiden Ansätze erschien u. a. deshalb sinnvoll, weil beide hierzulande bereits flächendeckender zum Einsatz kommen und somit ein besserer Zugang gewährleistet ist.

Beispiel 1: Der Elternkurs „Starke Eltern – Starke Kinder®"

Grundlegendes Ziel des Elternkurses „Starke Eltern – Starke Kinder®“ ist es, das Selbstvertrauen der Eltern als Erzieher zu festigen und die Kommunikation in der Familie zu fördern (Honkanen-Schoberth & Jennes-Rosenthal, 2000). Präventiv setzt das Konzept des Deutschen Kinderschutzbundes e. V. hauptsächlich an der Verminderung psychischer und physischer Gewalt in der Familie (vgl. das Gesetz zur „Ächtung der Gewalt in der Erziehung“ § 1631 BGB) sowie an der Stärkung der Rechte und Bedürfnisse der Kinder durch das Aufzeigen der kindlichen Mitsprache-, Mitbestimmungs- und Gestaltungsmöglichkeiten im gemeinsamen Familiensystem an (vgl. die UN-Kinderrechtskonvention). Leitbild des Elternkurses ist dabei das Konzept der „anleitenden Erziehung“: „Der anleitende Erziehungsstil ist weder ‚autoritär‘ noch ‚antiautoritär‘. Eltern sollen erfahren, wie sie ihre Erziehungsfunktion und Verantwortung gemeinsam übernehmen können und wie sie ihre positive elterliche Autorität durchaus ausüben dürfen, ohne auf körperliche Bestrafungen, seelische Verletzungen oder auf sonstige entwürdigende Erziehungsmaßnahmen zurückgreifen zu müssen“ (Honkanen-Schoberth, 2003, S. 14).

Die Grundidee des vorliegenden Elternkurskonzeptes entstammt aus der praktischen Arbeit des Finnischen Kinderschutzbundes in den 1980er Jahren (Honkanen-Schoberth, 2003). Auf dieser Grundlage wurde das Konzept in Deutschland weiterentwickelt und zunächst im Aachener Kinderschutzbund erprobt und evaluiert.

Theoretische Basis des Elternkurses bilden hauptsächlich systemtheoretische und kommunikationstheoretische Ansätze (Watzlawick), Elemente familientherapeutischer Schulen (Minuchin, de Shazer, Rönkä), der Individualpsychologie Adlers sowie verhaltens- und gesprächstherapeutischer Ansätze (Roger, Gordon).

Die Inhalte des Kurskonzeptes „Starke Eltern – Starke Kinder®" beziehen sich vor allem auf

- die Auseinandersetzung mit eigenen Wertvorstellungen, Erziehungszielen und Glaubensätzen (auch vor dem Hintergrund der eigenen Kindheit),
- das Setzen und Begründen von Grenzen sowie das Achten auf deren Einhaltung,
- beziehungs- und erziehungsrelevante Leitorientierungen wie Fürsorglichkeit, Annahme, Ermutigung und Vertrauen,
- Kommunikationsformen und -regeln.

Die Eltern sollen dazu motiviert und angeleitet werden, über ihre eigenen Wertvorstellungen nachzudenken, ihr Verhalten in Problemsituationen zu überprüfen, ihre Fähigkeit zu verbessern, Gedanken, Gefühle und Bedürfnisse auszudrücken, mehr Klarheit in ihren Kommunikationsformen zu erzielen, ihre Verantwortung als Erziehender bewusster wahrzunehmen und ihre Kooperationsfähigkeit auszubauen.

Das Programm „Starke Eltern – Starke Kinder®" ist auf 8 bis 12 Kursabende mit jeweils zwei bis drei Stunden angelegt. Im Vordergrund des Elternkurses stehen dabei folgende fünf inhaltliche Fragestellungen, die gleichzeitig als „roter Faden" bzw. als Stufenmodell hinsichtlich der Abfolge der Kursabende dienen:

- Welche Werte und Erziehungsziele haben wir in der Familie?
- Wie kann ich das Selbstwertgefühl des Kindes unterstützen?
- Wie unterstütze ich das Kind in seinen Schwierigkeiten?
- Wie drücke ich meine Bedürfnisse aus?
- Wie lösen wir Probleme in der Familie?

Jeder Kursabend basiert auf einem speziellen Motto, das mit den Kursteilnehmern gemeinsam anhand verschiedener Methoden (z. B. Diskussionsrunden, Übungen in Kleingruppen, Arbeitsblättern oder Rollenspielen) erarbeitet wird:

- Achte auf die positiven Seiten des Kindes!
- Vorbild dringt tiefer als Worte!
- Zum Wachsen braucht man Anerkennung, Liebe und Vertrauen!
- Wenn du dich verstecken willst, verstecke dich nicht zu gut, irgendwann musst du dich selbst ja wieder finden!
- Sprache schafft Wirklichkeit!
- Hör dem Kind mehr zu, dann verstehst du es besser!
- Keiner kann für den anderen dessen emotionalen Probleme lösen!

- Alle Gefühle als solche sind erlaubt und akzeptiert!
- Verändere zuerst dein Verhalten und erwarte nicht, dass der andere den ersten Schritt tut!
- Je mehr Macht du in einer Konfliktsituation anwendest, desto weniger bleibenden positiven Einfluss hast du auf den anderen!
- Wenn man Beschlüsse, die einen selbst betreffen, mitentscheiden kann, ist man auch eher bereit, sie einzuhalten!
- Wenn du es eilig hast, mach einen Umweg!

Mit Hilfe von Wochenaufgaben sollen die Eltern dann das am Kursabend Vermittelte in ihre eigene Erziehungspraxis umsetzen.

Die Ergebnisse der Evaluationsstudie der Fachhochschule Köln (vgl. Tschöpe-Scheffler & Niermann, 2002) belegen signifikante Verbesserungen der Erziehungskompetenz von Eltern, die den Elternkurs „Starke Eltern – Starke Kinder®" besucht haben: Die Kurse tragen bei den Eltern zur Entlastung und zu mehr Vertrauen in die eigenen und die Fähigkeiten der Kinder sowie zu mehr Sicherheit und Zufriedenheit im Umgang miteinander in der Familie bei. Eltern und Kinder verbringen mehr Zeit miteinander und praktizieren häufiger direkte statt indirekte Kommunikation. Die teilnehmenden Eltern versuchen weitgehend auf entwicklungshemmendes Erziehungsverhalten (Ohrfeigen, Beschimpfung, Demütigung, dirigistisches Verhalten) zu verzichten und stattdessen entwicklungsfördernde Erziehungsmaßnahmen (Loben, Kinder in Entscheidungen einbeziehen, gemeinsam Verträge aushandeln) einzusetzen. Darüber hinaus nehmen sie Situationen stärker aus der Perspektive der Kinder wahr. Die Befragung der Kinder konnte diese Tatsache bestätigen: Die Kinder beurteilten die Erziehung ihrer Eltern nach dem Kursbesuch deutlich besser. Dabei nannten sie an ihren Eltern vor allem drei neue Qualitäten:

- Die Eltern haben mehr Geduld und sind weniger gestresst.
- Die Eltern haben mehr Zeit und unternehmen mehr mit ihnen.
- Die Eltern schimpfen weniger und reden häufiger „vernünftig" mit ihnen.

Beispiel 2: Die interaktive CD-ROM „Freiheit in Grenzen"

Im Zusammenhang mit medialer Elternbildung ist die kürzlich veröffentlichte interaktive CD-ROM „*Freiheit in Grenzen*" (Schneewind, 2003 a) besonders erwähnenswert. Das zugrunde liegende Erziehungskonzept folgt einer dialektischen Denkbewegung, die sich im Sinne einer Synthese aus der These „*Grenzen ohne Freiheit*" (autoritäre bzw. autokratische Erziehung) und der Antithese „*Freiheit ohne Grenzen*" (antiautoritäre Erziehung: elterliche Nachgiebigkeit und Unengagiertheit) ergibt (vgl. Schneewind, 2003 b, S. 9). Mit dem Ansatz ist gemeint, „(...) dass Eltern sowohl die kindlichen Bedürfnisse nach einem liebevollen, akzeptierenden und unterstützenden Verhalten beantworten als auch Grenzen setzen sowie Erwartungen an ihre Kinder stellen bzw. ihnen Forderungen zumuten, auf deren Einlösung sie konsequent bestehen" (ebd., S. 10). Das Konzept setzt sich somit aus folgenden drei Merkmalen zusammen:

- Elterliche Wertschätzung
- Fordern und Grenzen setzen
- Gewähren von Eigenständigkeit (vgl. hierzu auch den „autoritativen" Erziehungsstil ➛ Kap. 7.3).

Zur Verdeutlichung und Einübung dieser Erziehungshaltung stehen fünf typische Erziehungsszenarien im Mittelpunkt (angesprochen sind vor allem Familien mit Kindern zwischen sechs und zwölf Jahren):

- Nach Hause kommen oder „Wo warst du so lange?"
- Aufräumen oder „So ein Saustall!"
- Geschwisterstreit oder „Das ist meins!"
- Supermarkt oder „Kann ich das haben?"
- Hausaufgaben oder „Ich kann das nicht!".

Jede Erziehungssituation wird dabei zunächst in ihrer Ausgangssituation filmisch dargestellt. Im Anschluss daran werden zu jeder Situation drei mögliche Reaktionen der Eltern gezeigt und im Einzelnen analysiert. Jede der drei Lösungsvarianten steht für einen bestimmten Erziehungsstil; „Freiheit in Grenzen" wird dabei als der sinnvollste propagiert. Zum Schluss wird jeweils in einem Fazit zusammengefasst, wie sich die Eltern verhalten und was die Kinder dabei lernen. Den Eltern wird damit die Möglichkeit gegeben, sich je nach Interesse mit einzelnen Situationen und Lösungsmöglichkeiten auseinander zu setzen.

Den fünf Erziehungsszenarien der CD-Rom unterliegt ein „roter Faden", der zeigt, welche Konsequenzen sich ergeben, wenn sich Eltern immer wieder auf eine bestimmte Weise verhalten. Darüber hinaus enthält sie hilfreiche Erziehungstipps für den Alltag.

Der Vorteil dieser interaktiven CD-ROM ist vor allem darin zu sehen, dass Eltern hier auf einer nicht-personalisierten Ebene angesprochen werden: So kann mit der CD-ROM ohne Druck und im eigenem Tempo zu Hause am PC gearbeitet werden.[29]

29 Die CD-ROM kann über folgende Internetadresse bzw. direkt beim Autor bestellt werden: http://www.freiheit-in-grenzen.org

Ähnlich leicht und niedrigschwellig ist auch der Zugang zu dem Online-Familienhandbuch (www.familienhandbuch.de), das derzeit am Staatsinstitut für Frühpädagogik München entwickelt wird. Darin können Eltern Informationen zur kindlichen Entwicklung und Erziehung, Hinweise auf entwicklungsfördernde Aktivitäten sowie wissenschaftliche Beiträge aus allen relevanten Fachrichtungen abrufen.

8.3 Der Stellenwert von Kindertageseinrichtungen bei der Förderung von Resilienz

Mit dem Wissen um die Bedeutung der Resilienzfaktoren gewinnt der Stellenwert frühkindlicher Bildungs- und Erziehungsprozesse an Bedeutung: Die Befunde der Resilienzforschung zeigen, wie wichtig es ist, Kinder frühzeitig an effektive Bewältigungsformen heranzuführen. Kindertageseinrichtungen können hierzu einen elementaren Beitrag leisten:

- Sie können *frühzeitig* (bevor ein Problemverhalten auftritt/sich stabilisiert), *lang andauernd*, *intensiv* und *umfassend* Kinder für besondere Risiken in ihrer Lebensumwelt stärken bzw. sie bei der Bewältigung von schwierigen Lebensumständen unterstützen. Dabei können sie in vielfältigen Bereichen kindliche Fähigkeiten und Fertigkeiten fördern (➛ Kap. 8.2.1).
- Sie können sowohl im Sinne primärer Prävention fast „alle" Kinder als auch im Sinne sekundärer Prävention spezielle (Hoch-)Risikokinder erreichen. Kindertageseinrichtungen verfügen über einen direkteren und systematischeren *Zugang zu einer großen Zahl von Kindern* als irgendeine andere soziale Institution (Opp, 1999).
- Sie verfügen nicht nur über den Zugang zum Kind, sondern auch über den *Zugang zu den Eltern* des Kindes, was eine Kombination von kind- und familienorientierter Förderung ermöglicht. Gerade solche multimodal ausgerichteten Maßnahmen erweisen sich als besonders effektiv (➛ Kap. 8.1). Der Vorteil liegt hier u. a. darin, dass vielfältige Risiko- und Schutzbedingungen (seitens des Kindes, seitens der Eltern) angesprochen werden können. Kindertageseinrichtungen können insofern als eine entscheidende Schnittstelle für die Förderung kindlicher Kompetenzen und die Förderung elterlicher Kompetenzen fungieren. Sie stellen auf diese Weise einen hervorragenden *Ausgangspunkt für niedrigschwellige Angebote* dar. Leider findet gerade diese Möglichkeit bislang in Forschung und Praxis noch nicht ausreichend Berücksichtigung. So gibt es in Deutschland erst vereinzelte

Modellvorhaben, in denen entsprechende Ansätze und Wege ausgearbeitet und erprobt werden, wie in bzw. mittels Kindertageseinrichtungen Eltern stärker bei der Ausübung ihrer Erziehungsaufgaben unterstützt werden können. Dabei stehen drei Kerninhalte im Vordergrund:

- Förderung von Erziehungskompetenzen – Einbettung niedrigschwelliger Angebote der Elternbildung und Beratung direkt in Kindertagesstätten (z. B. Durchführung von Elterntrainings ➛ Kap. 8.2.2),
- Ausbau von Kindertageseinrichtungen als „Knotenpunkt“ innerhalb des kommunalen Jugendhilfesystems,
- Förderung einer „Erziehungs- und Bildungspartnerschaft“ zwischen Eltern und pädagogischen Fachkräften: Eine solche Erziehungs- und Bildungspartnerschaft impliziert u. a., dass Eltern und pädagogische Fachkräfte sich füreinander öffnen und wichtige Informationen austauschen, ihre Erziehungsziele und -stile aufeinander abstimmen, bei Erziehungsschwierigkeiten und Problemen sich unterstützen und miteinander kooperieren. Im Kontext einer solchen Erziehungs- und Bildungspartnerschaft können pädagogische Fachkräfte u. a. aufklärend und unterstützend – also elternbildend – wirken, indem sie z. B. über altersgemäße Beschäftigungsmöglichkeiten, Bildungsangebote, Spiele oder Bücher informieren (vgl. Bundesministerium für Familie, Senioren, Frauen und Jugend, 2003, S. 180).

In diesem Zusammenhang lassen sich derzeit u. a. folgende Modellansätze benennen (vgl. hierzu die Datenbank „ProKiTa – Projekte Kindertagesstätten und Tagespflege“, die derzeit am Deutschen Jugendinstitut e. V. entwickelt wird[30]):

- Modellprojekt „Kinder- und Familienzentrum Schillerstraße“ des Pestalozzi-Fröbel-Hauses in Berlin, in dem der Ansatz der „Early Excellence Centres“ in Deutschland erprobt und umgesetzt wird[31]
- Modellprojekt „Familienbildung in Kooperation mit Kindertageseinrichtungen“ (vgl. Refle & Schmitz, 2003)[32]
- Modellprojekt „Zugehende Beratung in Kindertageseinrichtungen der Lebensberatungsstellen im Bistum Trier“ (vgl. Schrapper & Ossowski, 2002)[33]
- Modellprojekt „Mo.Ki – Monheim für Kinder: Ein Modellprojekt zur Förderung von Kindern und Familien“, das die Vermeidung von Armutsfolgen und sozialer Exklusion fokussiert (vgl. Schlevogt, 2003)

30 Die Datenbank ProKiTa ist erreichbar unter http://www.dji.de/prokita (Stand: 31.3.2004).

31 Projektpräsentation abrufbar unter http://www.pfh-berlin.de/deutsch/1/modell/schiller.html (Stand: 31.3.2004).

32 Projektpräsentation abrufbar unter http://www.felsenweginstitut.de/projekte/lmp (Stand: 31.3.2004).

33 Projektpräsentation abrufbar unter http://www.uni-koblenz.de/~evatrier/index.htm (Stand: 31.3.2004).

  - Modellprojekt „ERIK – Erziehungshilfe, Rat und Information im Kindergarten“[34]
  - Modellprojekt „Stärkung der Erziehungskraft der Familie durch und über den Kindergarten“[35]
  - Modellprojekt„Primäre Prävention durch Familienbildung, -förderung und -beratung im Land Brandenburg“ (vgl. Ludwig-Körner & Koch, 2003)
  - Forschungsprojekt „Zukunft Familie: Entwicklungs- und Präventionsstudie in Braunschweiger Kindertagesstätten“ (vgl. Bertram et al., 2003)
  - Forschungsprojekt „Förderung von Erziehungskompetenzen und sozialen Fertigkeiten in Familien: Eine kombinierte Präventions- und Entwicklungsstudie zu Störungen des Sozialverhaltens“ (vgl. Lösel, 2001).
- Kindertageseinrichtungen schaffen einen Rahmen, in dem Kinder *positive Peer- und Freundschaftsbeziehungen* sowie unterstützende Beziehungen zu anderen Erwachsenen außerhalb der Familie aufbauen können.
- Sie ermöglichen Kindern in schwierigen und chaotischen Zeiten ein *Lernklima, das Sicherheit und Stabilität bietet*. Kindertageseinrichtungen können insofern für gefährdete Kinder eine wichtige Kompensationsfunktion ausüben.

Der Ansatz der „Early Excellence Centres“[36]

Das Konzept der "Early Excellence Centres (EEC)" versteht sich als ein integriertes Modell von vielfältigen Angeboten der Erziehung, Bildung, Beratung und Pflege für die gesamte Familie. Das Programm wurde 1997 in Großbritannien als Pilotversuch mit dem Ziel gestartet, die Entwicklungsbedingungen von Kindern und Familien zu verbessern sowie die hohe Kinderarmut zu reduzieren. Einzelziele des von der britischen Regierung geförderten Ansatzes sind dabei

- der Einbezug der Eltern in die institutionelle Bildungs- und Erziehungsarbeit,
- die Stärkung der Erziehungskompetenzen der Eltern durch Informations-, Beratungs- und Unterstützungsangebote,
- die umfassende Stützung der Eltern durch Erwachsenbildungsangebote, arbeitsmarktbezogene Fortbildungen und gemeinwesenorientierte Aktivitäten,
- die Ausweitung von Betreuungsangeboten und -zeiten sowie
- der Abbau von Armut und sozialer Ausgrenzung.

34 Projektpräsentation abrufbar unter http://www.awo-erik.de/ (Stand: 31.3.2004).
35 Projektpräsentation abrufbar unter http://www.landesstiftung-liga-bw.de/ (Stand: 31.3.2004).
36 In jüngster Zeit betiteln sich viele dieser Einrichtungen nur noch als „children's centres“, um den Terminus „Excellence“ zu umgehen.

Der Ansatz der „Early Excellence Centres" (Fortsetzung)

Die zwei bekanntesten Einrichtungen, in denen dieser Ansatz tatkräftig umgesetzt wird, sind das Pen Green Centre in Corby und das Thomas Coram Centre for Children and Families in London (Camden). Letztgenanntes bündelt zahlreiche Angebote und Dienstleistungen für Kinder, Eltern und Fachkräfte unter einem Dach (Duffy, 2002), u. a.:

- Tageseinrichtung für Kinder von 6 Monaten bis 5 Jahren (108 Plätze; 21 Plätze für Kinder mit besonderen Bedürfnissen und 5 Plätze für Kinder obdachloser Familien; Öffnungszeiten von 8.00–18.00 Uhr)
- Nachmittags- und Ferienangebote für Schulkinder (5–11-Jährige)
- Babymassage
- Musiktherapeutische Angebote
- Gruppenangebote und Kurse für Eltern (z. B. Computerkurse, Sprachkurse Englisch als Zweitsprache, Erste Hilfe-Kurse, Väter-Gruppe oder Gruppenangebote für junge Eltern)
- Drop-in-Kinderbetreuung (vormittags)
- Hausbesuche von Fachkräften (für schwer erreichbare Familien)
- Spielzeug- und Bücherausleihe
- Beratungsstunden/Kinder- und familienpsychologischer Dienst
- Logopädischer Dienst
- Stütztreffen und Kurse für Tagesmütter und Fachkräfte

In Zukunft kommt diesen präventiven Aufgaben und Funktionen vorschulischer Bildungs- und Betreuungseinrichtungen eine verstärkte Rolle zu. In diesem Zusammenhang darf dabei allerdings die Ausgestaltung bzw. Verbesserung der Rahmenbedingungen in den Einrichtungen nicht außer Acht gelassen werden. Denn nur dadurch kann gewährleistet werden, dass positive Entwicklungsanreize gesetzt sowie entsprechende Fördermaßnahmen und -bedingungen in den Einrichtungen auch realisiert werden. Von besonderer Bedeutung sind hier vor allem

- kleinere Gruppengrößen,
- adäquate Gruppenzusammensetzungen (u. a. Vermeidung von Problemballungen),
- ausreichend Freiraum für individuelle Lehr- und Lernprozesse,
- großzügig gestaltete Raumkonzepte mit genügend Platz für Bewegung, aber auch der Möglichkeiten des Rückzugs und der Geborgenheit,
- ein günstiger Betreuerschlüssel,
- eine Kontinuität der Betreuer-Kind-Beziehungen, eine Kontinuität der Betreuung einer Gruppe durch dieselbe pädagogische Fachkraft sowie eine

Kontinuität hinsichtlich des Verbleibs der Kinder in derselben Gruppe bzw. Einrichtung,
- die Etablierung von interdisziplinären Teams,
- der Aufbau von Unterstützungssystemen für Kindertageseinrichtungen (z.B. mobile Dienste für Kindertageseinrichtungen; vgl. Fthenakis, 2003).

Exkurs: Leitfragen für die Fallarbeit

Für die praktische Arbeit in Kindertageseinrichtungen lassen sich vor dem Hintergrund von Resilienz Leitfragen formulieren, die dabei helfen, dem jeweiligen Kind und seinen Eltern angemessene entwicklungsfördernde Maßnahmen bzw. Angebote zu unterbreiten. Sie unterstützen zudem dabei, das eigene pädagogische Handeln (im Hinblick auf den konkreten Fall) zu überdenken. Folgende Leitfragen eignen sich für pädagogische Fachkräfte als Handlungsorientierung:
- Welchen Risikofaktoren/Stressoren ist das Kind ausgesetzt? Besteht die Gefahr für Folgestressoren? Wenn ja, welche?
- Wie wird die Situation vom Kind (von seinen Eltern) wahrgenommen und bewertet?
- Welche Bezugspersonen hat das Kind?
- Hat das Kind andere Personen (Verwandte, Nachbarn...), zu denen es eine sehr gute Beziehung pflegt? Wie können solche sozialen Ressourcen mobilisiert werden?
- Welche Stärken hat das Kind (welche Stärken haben seine Eltern)? Ist sich das Kind (sind sich die Eltern) dieser Qualitäten bewusst? Wie können diese Eigenschaften dem Kind in der Situation helfen? Wie können sie stimuliert bzw. ausgebaut werden? Welche Kompetenzen sind jetzt besonders gefordert? Gibt es Dinge, die das Kind (seine Eltern) lernen sollten? Wie lässt sich das in der Arbeit mit dem Kind (den Eltern) umsetzen?
- Was sollte dem Kind (seinen Eltern) vermittelt werden?
- Woran hat das Kind am meisten Freude? Hat das Kind irgendein Hobby?
- Welche Angebote können wir dem Kind (den Eltern) unterbreiten, die eine Veränderung seiner (ihrer) Perspektive beinhalten und bewirken?
- Wie ist meine eigene Resilienz? Wie sehen meine eigenen Erfahrungen mit protektiven Faktoren aus: Was hat mir geholfen, mich gestärkt oder ermutigt? Was hätte ich ggf. mehr gebraucht?

9

Schlussfolgerungen und Ausblick

Die Ergebnisse der Resilienzforschung liefern entscheidende Anhaltspunkte dafür, welche Basiskompetenzen und Unterstützungsleistungen Kinder brauchen, um sich trotz schädigender Einflüsse gesund und positiv entwickeln zu können. Kinder in diesen grundlegenden Fähigkeiten frühzeitig zu stärken, kann als ein notwendiger Bestandteil zukünftiger Erziehungs- und Bildungsprozesse angesehen werden.

Damit ein solches präventives Vorgehen zukünftig auch flächendeckend in Kindertageseinrichtungen gewährleistet werden kann, erscheinen meines Erachtens folgende Aspekte unerlässlich:

- die Entwicklung und Erprobung eines Gesamtkonzepts zur Resilienzförderung, in dem mehrere der aufgezeigten Ansatzpunkte vereint sind;
- die vertiefende Ausarbeitung einzelner Förderbereiche im Hinblick auf die Entwicklung von Präventionsansätzen und ihre praktische Umsetzung in Kindertageseinrichtungen;
- der stärkere Ausbau von Kindertageseinrichtungen in Richtung erweiterte, niedrigschwellige Angebote für Eltern und Familien (Kindertageseinrichtungen als offene Familien-, Nachbarschafts- und Kommunikationszentren);
- die Entwicklung bzw. stärkere Etablierung von Vernetzungskonzepten von Kindertageseinrichtungen mit anderen psychosozialen, medizinisch-gesundheitlichen und kommunalen Einrichtungen;
- verstärkte Angebote zur frühzeitigen Förderung elterlicher Erziehungskompetenzen;
- Qualifizierungsangebote für pädagogische Fachkräfte, v. a. im Hinblick auf die Früherkennung, Wahrnehmung und Beobachtung von Entwicklungsrisiken und gefährdeten Kindern sowie im Hinblick auf eltern- und familienorientiertes Arbeiten;
- die Verankerung des Themas „Resilienz" in den Ausbildungslehrplänen von pädagogischen Fachkräften;
- die Gewährleistung und Verbesserung entsprechender personeller, materieller und räumlicher Kapazitäten und Rahmenbedingungen in den Einrichtungen, mit denen eine entsprechend umfassende Resilienzförderung gewährleistet werden kann;
- eine stärkere Verbreitung dieses positiven Bildes vom Kind, wie es der Resilienzforschung zugrunde liegt: Kinder sind fähig und kompetent, auch schwierige Lebensumstände und -situationen zu meistern – dies allerdings umso besser, wenn sie in ihrem Bewältigungsprozess bzw. in der Entwicklung dieser wichtigen Lebenskompetenzen frühzeitig unterstützt und bestärkt werden.

Emmy Werner hat die Ergebnisse ihrer Studie mit den folgenden Worten resümiert: „Die Lebensgeschichten der widerstandsfähigen Kinder lehren uns, dass sich Kompetenz, Vertrauen und Fürsorge auch unter sehr ungünstigen Lebensbedingungen entwickeln können, wenn sie Erwachsene treffen, die ihnen eine sichere Basis bieten, auf der sich Vertrauen, Autonomie und Initiative entwickeln können“ (Werner, 1997, S. 202).

Das Resilienzkonzept eröffnet hier nach meinem Verständnis eine enorme optimistische Herangehensweise: Es sind keine außergewöhnlichen, magischen Fähigkeiten, über die resiliente Kinder und Jugendliche verfügen. Was sie kennzeichnet, sind eigentlich normale menschliche Eigenschaften, wie die Fähigkeit positiv und konstruktiv zu denken, zu lachen, zu hoffen, dem Leben einen Sinn zu geben, aktiv zu handeln, um Hilfe zu bitten oder Beziehungen zu anderen Menschen zu suchen, die für eine angepasste, psychisch gesunde Entwicklung förderlich sind und die ihnen eine enorme Kraft verleihen, auch unter widrigsten Lebensumständen zu „funktionieren“ (Masten, 2001 b). Darüber hinaus sind es positive, befriedigende Interaktionen mit Erwachsenen, die die Kinder darin bestärken und unterstützen, diese wichtigen Fähigkeiten zu entwickeln und zu erproben und die responsiv und einfühlsam auf jedes einzelne Kind eingehen.

Die Kenntnis der protektiven Faktoren, wie sie von der Resilienzforschung identifiziert und (zum Teil wieder neu) in die Diskussion eingebracht werden, sind für die Entwicklung und Konzipierung von Präventions- und Interventionsmaßnahmen sowie für alle Erziehungspersonen von großer Bedeutung. Denn darauf baut sich die Zielprojektion auf, „wie“ wir in unserer alltäglichen Erziehungs- und Bildungspraxis Kinder (noch mehr) stärken und unterstützen können, um belastende Lebenssituationen und Alltagsanforderungen zu bewältigen. Resilienzförderung heißt in diesem Zusammenhang vor allem, jene wichtigen Grundlagen (Person- und Umweltressourcen) zu schaffen, zu festigen und zu optimieren, die es Kindern ermöglichen bzw. die sie motivieren, selbst weiterzukommen (Aktivierung von Selbsthilfekräften).

Jedes einzelne Kind besitzt besondere Talente und Fähigkeiten – diese spezifischen Kompetenzbereiche und kreativen Potentiale zu identifizieren und im Alltag immer wieder zu verstärken sowie das Kind dazu anzuregen, sie selbst als solche wahrzunehmen, bilden nach meinem Verständnis die grundlegenden resilienzfördernden Maxime. Zu häufig und zu schnell neigen wir Erwachsene noch dazu, unseren Blick zuerst darauf zu lenken, was ein Kind nicht kann und wo die Schwächen bzw. Defizite dieses Kindes liegen, bevor wir darauf achten, welche enormen Fähigkeiten und Potentiale dieses Kind besitzt. Hier die eigene Sichtweise immer wieder zu hinterfragen und den Blick vielmehr dafür zu schärfen, die Stärken jedes einzelnen Kindes wahrzunehmen, ist meines Erachtens für alle Erziehenden vor dem Hintergrund der Resilienzförderung unerlässlich.

Die empirischen Untersuchungen sowie wiederkehrende Alltagserfahrungen belegen, dass Kindertageseinrichtungen für Kinder, die in schwierigen Lebensumständen aufwachsen, einen wichtigen Ort der persönlichen Zuwendung, der Einbindung in Freundschaftsbeziehungen, der Bestätigung eigener Fähigkeiten und Werthaftigkeit sowie der Struktur und Kontinuität darstellen können. Solche protektiven Bedingungen (qualitativ hochwertig) zu gewährleisten und allen Kindern zu ermöglichen, können als entscheidende pädagogische Herausforderungen betrachtet werden – damit sich jedes Kind zu einer kompetenten, gesunden und selbstbewussten Persönlichkeit entwickeln kann.

In diesem Sinne schließe ich mich den Worten von Opp (1999) an: „(...) die Vorstellung, daß alle Kinder auch über schützende Kräfte verfügen, kann ein Stück von dem Optimismus generieren, den wir zur Meisterung der heutigen pädagogischen Aufgaben dringender denn je brauchen" (S. 241). Lassen Sie uns an diesem positiven Bild vom Kind als aktiven und kompetenten Bewältiger (weiter) ansetzen und gemeinsam Wege erarbeiten, mit denen wir Kinder für die Risiken in ihrer Lebenswelt in unserer alltäglichen Bildungs- und Erziehungspraxis nachhaltig „ausrüsten und wappnen" können.

Literatur

Abidin, R. R. (1996). Early childhood parenting skills: A program manual for the mental health professional. Odessa: PAR, Psychological Assessment Ressources.

Ainsworth, M. D. S., Blehar, M. C., Waters, E. & Wall, S. (1978). Patterns of attachment: A psychological study of the strange situation. Hillsdale: Erlbaum.

Amato, P. R. (2001). Children of divorce in the 1990's: An update of the Amato and Keith (1991) meta-analysis. Journal of Family Psychology, 15 (3), 355–370.

Amato, P. R., Loomis, L. S. & Booth, A. (1995). Parental divorce, marital conflict, and offspring well-being during early adulthood. Social Forces, 73 (3), 895–915.

Anthony, E. J. (1974). The syndrome of the psychologically invulnerable child. In E. J. Anthony & C. Koupernik (Hrsg.), The child in his family (Vol. 3.: Children at psychiatric risk, S. 529–545). New York: Wiley.

Anthony, E. J. & Cohler, B. J. (1987). The invulnerable child. New York: Guilford Press.

Antonovsky, A. (1979). Health, stress, and coping: New perspectives on mental and physical well-being. San Francisco: Jossey-Bass.

Antonovsky, A. (1987). Unraveling the mystery of health: How people manage stress and stay well. San Francisco: Jossey-Bass.

Antonovsky, A. (1993). Gesundheitsforschung versus Krankheitsforschung. In A. Franke & M. Broda (Hrsg.), Psychosomatische Gesundheit: Versuch einer Abkehr vom Pathogenese-Konzept (S. 3–14). Tübingen: DGVT-Verlag.

Antonovsky, A. (1997). Salutogenese. Zur Entmystifizierung der Gesundheit. Tübingen: DGVT-Verlag.

Baldwin, A. L., Baldwin, C. & Cole, R. E. (1990). Stress-resistent families and stress-resistent children. In J. Rolf, A. Masten, D. Cicchetti, K. Nuechterlein & S. Weintraub (Hrsg.), Risk and protective factors in the development of psychopathology (S. 257–280). Cambridge: Cambridge University Press.

Baldwin, A. L. et al. (1993). Contextual risk and resiliency during late adolescence. Development and Psychopathology, 5 (4), 741–761.

Barnes, G. G. (1999). Divorce transitions: Identifying risk and promoting resilience for children and their parental relationships. Journal of Marital and Family Therapy, 25 (4), 425–441.

Basic Behavioral Task Force of the National Advisory Mental Health Council (1996). Vulnerability and resilience. American Psychologist, 51, 22–28.

Baumeister, R. F., Smart, L. & Boden, J. M. (1996). Relation of threatened egotism to violence and aggression: the dark side of high self-esteem. Psychological Bulletin, 103, 5–33.

Baumrind, D. (1989). Rearing competent children. In W. Damon (Hrsg.), Child development today and tomorrow (S. 349–378). San Francisco: Jossey-Bass.

Beardslee, W. R. & Podorefsky, D. (1988). Resilient adolescents whose parents have serious affective and other psychiatric disorders: Importance of self-understanding and relationships. American Journal of Psychiatry, 145 (1), 63–69.

Beelmann, A. (2003). Wirksamkeit eines Problemlösetrainings bei entwicklungsverzögerten Vorschulkindern. Zeitschrift für Pädagogische Psychologie, 17, 27–41.

Benard, B. (1999). Applications of resilience: Possibilities and promise. In M. D. Glantz & J. L. Johnson (Hrsg.), Resilience and development: Positive life adaptations (S. 269–277). New York: Kluwer Academic/Plenum Publisher.

Bender, D. & Lösel, F. (1997). Protective and risk effects of peer relations and social support on antisocial behaviour in adolescents from multi-problem milieus. Journal of Adolescence, 20, 661–678.

Bender, D. & Lösel, F. (1998). Protektive Faktoren der psychisch gesunden Entwicklung junger Menschen: Ein Beitrag zur Kontroverse um saluto- und pathogenetische Ansätze. In J. Margraf, J. Siegrist & S. Neumer (Hrsg.), Gesundheits- oder Krankheitstheorie? Saluto- vs. pathogenetische Ansätze im Gesundheitswesen (S. 117–145). Berlin: Springer.

Bengel, J., Strittmatter, R. & Willmann, H. (2001). Was erhält Menschen gesund?: Antonovskys Modell der Salutogenese – Diskussionsstand und Stellenwert; eine Expertise (rev. Neuaufl.). Köln: BZgA.

Bertram, H., Heinrichs, N., Kuschel, A., Kessemeier, Y., Saßmann, H., Hahlweg, K. (2003). Projekt „Zukunft Familie“: Erste Ergebnisse der Rekrutierung. Verhaltenstherapie und Verhaltensmedizin, 24, 187–204.

Boothby, R. (1983). The horror, the hope. Natural History, 92, 64–71.

Brenner, A. (1984). Helping children cope with stress. Massachusetts: Lexington Books.

Bronfenbrenner, U. (1979). The ecology of human development: Experiments by nature and design. Cambridge, MA: Harvard University Press.

Brooks-Gunn, J. & Chase-Landsdale, L. (1991). Teenage child bearing: Facts on children. In R. M. Lerner et al. (Hrsg.), Enzyclopedia of adolescents (S. 103–106). New York: Garland.

Bundesministerium für Familie, Senioren, Frauen und Jugend (Hrsg.) (2003). Auf den Anfang kommt es an! Perspektiven zur Weiterentwicklung des Systems der Tageseinrichtungen für Kinder in Deutschland. Weinheim, Basel, Berlin: Beltz.

Butollo, W. & Gavranidou, M. (1999). Intervention nach traumatischen Ereignissen. In R. Oerter, C. von Hagen, G. Röper & G. Noam (Hrsg.), Klinische Entwicklungspsychologie. Ein Lehrbuch (S. 459–477). Weinheim: Beltz, PVU.

Casella, L. & Motta, R.W. (1990). Comparison of characteristics of Vietnam veterans with and without posttraumatic stress disorder. Psychological Reports, 67, 595–605.

Cicchetti, D. & Beeghly, M. (1990). The self in transition: Infancy to childhood. Chicago: University of Chicago Press.

Cicchetti, D. & Rogosch, F.A. (1997). The role of self-organization in the promotion of resilience in maltreated children. Development and Psychopathology, 9 (4), 797–815.

Cicchetti, D., Rogosch, F.A., Lynch, M. & Holt, K.D. (1993). Resilience in maltreated children: Processes leading to adaptive outcome. Development and Psychopathology, 5 (4), 629–647.

Cierpka, M. (Hrsg.) (2001). FAUSTLOS – Ein Curriculum zur Prävention von aggressivem und gewaltbereitem Verhalten bei Kindern der Klasen 1 bis 3. Göttingen: Hogrefe.

Cierpka, M., Egloff, G., Schick, A., Ott, I. (o.J.). Abschlussbericht Pilotprojekt „Faustlos Kindergarten". Heidelberg: Eigendruck.

Clark, R.M. (1983). Family life and school achievement: Why black children succeed or fail. Chicago: University of Chicago Press.

Cohler, B.J. (1987). Adversity, resilience, and the study of lives. In E.J. Anthony & B.J. Cohler (Hrsg.), The invulnerable child (S. 363–424). New York: Guilford Press.

Conger, R.D., Ge, X., Elder, G., Lorenz, F. & Simons, R. (1994). Economic stress, coercive family process, and developmental problems of adolescents. Child Development, 65, 541–561.

Conger, R.D., Rueter, M.A. & Elder, G.H. (1999). Couple resilience to economic pressure. Journal of Personality and Social Psychology, 76 (1), 54–71.

Conrad, M. & Hammen, C. (1993). Protective and resource factors in high and low-risk children: A comparison of children with unipolar, bipolar, medically ill, and normal mothers. Development and Psychopathology, 5 (4), 593–607.

Cowen, E.L., Wyman, P.A., Work, W.C., Kim, J.Y., Fagen, D.B. & Magnus, K.B. (1997). Follow-up study of young stress-affected and stress-resilient urban children. Development and Psychopathology, 9, 565–577.

Dalianis, M.K.: (1994). Early trauma and adult resiliency: A mid-life follow-up study of children whose mothers were political prisoners during Greek

Civil War. Doctoral dissertation, Stockholm, Sweden: Karolinska Institute.
Davis, N. J. (1999). Resilience: Status of research and research-based programs. [WWW document]. URL http://www.mentalhealth.samhsa.gov/schoolviolence/5-28resilience.asp (Stand: 31.3.2004).
DeVries, M. (1984). Temperament and infant mortality among the Massai of East Africa. American Journal of Psychiatry, 141, 1189–1194.
Diagnostisches und Statistisches Manual Psychischer Störungen DSM-IV (1996). Deutsche Bearbeitung H. Saß, H.-U. Wittchen & M. Zandig. Göttingen: Hogrefe.
Dinkmeyer Sr., D., McKay, G. D. & Dinkmeyer Jr., D. (2001). STEP – Elternhandbuch. München: Beust.
Duffy, B. (2002). Thomas Coram Early Excellence Centre: Ein multikulturelles Nachbarschaftszentrum in London/Camden. In C. Lipp-Peetz & I. Wagner (Hrsg.), Bildungsort und Nachbarschaftszentrum Kindertageseinrichtung im zweiten Jahrzehnt des KJHG. Pfv-Jahrbuch 7 (S. 144–148). Hohengehren: Schneider.
Egeland, B., Carlson, E. & Sroufe, A. L. (1993). Resilience as process. Development and Psychopathology, 5, 517–528.
Egle, U. T., Hoffmann, S. O. & Steffens, M. (1997). Psychosoziale Risiko- und Schutzfaktoren in Kindheit und Jugend als Prädisposition für psychische Störungen im Erwachsenenalter. Der Nervenarzt, 68 (9), 683–695.
Eickhoff, C. & Zinnecker, J. (2000). Schutz oder Risiko?: Familienumwelten im Spiegel der Kommunikation zwischen Eltern und ihren Kindern. Eine Studie im Auftrag der BZgA. Köln: BZgA.
Elder, G. H., Caspi, A. & Nguyen, van T. (1986). Resourceful and vulnerable children: Family influence in hard times. In R. K. Silbereisen, K. Eyferth & G. Rudinger (Hrsg.), Development as action in context (S. 167–186). Berlin: Springer.
Elder, G. H. & Clipp, E. C. (1989). Combat experience and emotional health: Impairment and resilience in later life. Journal of Personality, 57 (2), 311–341.
Emery, R. E. & Forehand, R. (1994). Parental divorce and children's well-being: A focus on resilience. In J. R. Haggerty, L. R. Sherrod, N. Garmezy & M. Rutter (Hrsg.), Stress, risk, and resilience in children and adolescents (S. 64–99). New York: Cambridge University Press.
Engfer, A. (1991). Prospective identification of violent mother-child relationships: Child outcomes at 6.3 years. In G. Kaiser, H. Kury & H.-J. Albrecht (Hrsg.), Victims and criminal justice (S. 415–458). Freiburg i. Br.: Max Planck Institut für ausländisches und internationales Strafrecht.

Farber, E. A. & Egeland, B. (1987). Invulnerability among abused and neglected children. In E. J. Anthony & B. J. Cohler (Hrsg.), The invulnerable child (S. 253–288). New York: Guilford Press.

Felsman, J. K. (1984). Abandoned children: A reconsideration. Children Today, 13, 13–18.

Felsman, J. K. & Vaillant, G. E. (1987). Resilient children as adults: A 40-year study. In E. J. Anthony & B. J. Cohler (Hrsg.), The invulnerable child (S. 289–314). New York: Guilford Press.

Filipp, H.-S. (1990). Kritische Lebensereignisse (2., erw. Aufl.). München: PVU.

Fingerle, M. (1999). Resilienz – Vorhersage und Förderung. In G. Opp, M. Fingerle & A. Freytag (Hrsg.), Was Kinder stärkt: Erziehung zwischen Risiko und Resilienz (S. 94–98). München: Ernst Reinhardt.

Fingerle, M. (2000). Vulnerabilität. In J. Borchert (Hrsg.), Handbuch der Sonderpädagogischen Psychologie (S. 287–293). Göttingen: Hogrefe.

Fingerle, M., Freytag, A. & Julius, H. (1999). Ergebnisse der Resilienzforschung und ihre Implikationen für die (heil)pädagogische Gestaltung von schulischen Lern- und Lebenswelten. Zeitschrift für Heilpädagogik, 50 (6), 302–309.

Fingerle, M., Julius, H. & Freytag, A. (1997). Emotionale Regulationsmechanismen, Bindungsmodelle und die Widerstandsfähigkeit gegenüber ungünstigen Entwicklungsbedingungen – Offene Fragen der Resilienzforschung. Sonderpädagogik, 27 (4), 202–211.

Fischer, G. & Riedesser, P. (1999). Lehrbuch der Psychotraumatologie: mit 20 Tabellen (2. Aufl.). München: Ernst Reinhardt.

Fraser, M. W. & Richman, J. M. (2001). Resilience: Implications for evidence-based practice. In J. M. Richman & M. W. Fraser (Hrsg.), The context of youth violence: Resilience, risk, and protection (S. 187–198). Westport, CT: Praeger Publishers.

Freytag, A. (1999). Kann das Resilienzparadigma integrierende Funktion für die konzeptionelle Weiterentwicklung der Frühförderung übernehmen? In G. Opp, M. Fingerle & A. Freytag (Hrsg.), Was Kinder stärkt: Erziehung zwischen Risiko und Resilienz (S. 166–169). München: Ernst Reinhardt.

Fthenakis, W. E. (2003). Pädagogische Qualität in Tageseinrichtungen für Kinder. In W. E. Fthenakis (Hrsg.), Elementarpädagogik nach PISA: Wie aus Kindertageseinrichtungen Bildungseinrichtungen werden können (S. 208–242). Freiburg i. Br.: Herder.

Fthenakis, W. E. et al. (1995). Gruppeninterventionsprogramm für Kinder mit getrennt lebenden oder geschiedenen Eltern – TSK Trennungs- und Scheidungskinder. Weinheim: Beltz Praxis.

Garbarino, J. (1990). Youth in dangerous environments: Coping with the consequences. In K. Hurrelmann & F. Lösel (Hrsg.), Health hazards in adolescence (S. 193–218). Berlin: De Gruyter.

Garmezy, N. (1971). Vulnerability research and the issue of primary prevention. American Journal of Orthopsychiatry, 41, 101–116.

Garmezy, N. (1974). The study of competence in children at risk for severe psychopathology. In E. J. Anthony & C. Koupernik (Hrsg.), The child in his family (Vol. 3.: Children at psychiatric risk, S. 77–97). New York: Wiley.

Garmezy, N. (1984). Children vulnerable to major mental disorders: Risk and protective factors. In L. Grinspoon (Hrsg.), Psychiatric update (Vol. 3, S. 91–104). Washington, DC: American Psychiatric Press.

Garmezy, N. (1985). Stress-resistent children: The search for protective factors. In J. E. Stevenson (Hrsg.), Recent research in developmental psychopathology (S. 213–233). Oxford: Pergamon Press.

Garmezy, N. (1987). Stress, competence, and development: Continuities in the study of schizophrenic adults, children vulnerable to psychopathology, and the search for stress-resistant children. American Journal of Orthopsychiatry, 57 (2), 159–174.

Garmezy, N., Masten, A. S. & Tellegen, A. (1984). The study of stress and competence in children: A building block for developmental psychopathology. Child Development, 55, 97–111.

Glantz, M. D. & Sloboda, Z. (1999). Analysis and reconceptualization of resilience. In M. D. Glantz & J. L. Johnson (Hrsg.), Resilience and development: Positive life adaptations (S. 109–126). New York: Kluwer Academic/ Plenum Publishers.

Gleser, G. C., Green, B. L. & Winget, C. (1981). Prolonged psychosocial effects of disaster: A study of Buffalo Creek. New York: Academic Press.

Göppel, R. (1999). Bildung als Chance. In G. Opp, M. Fingerle & A. Freytag (Hrsg.), Was Kinder stärkt: Erziehung zwischen Risiko und Resilienz (S. 170–190). München: Ernst Reinhardt.

Göppel, R. (2000). Die Bedeutung der Risiko- und Resilienzforschung für die Sonder- und Heilpädagogik. In K. Bundschuh (Hrsg.), Wahrnehmen – verstehen – handeln: Perspektiven für die Sonder- und Heilpädagogik im 21. Jahrhundert (S. 79–96). Bad Heilbrunn: Klinkhardt.

Gordon, T. (1978). Familienkonferenz in der Praxis: Wie Konflikte mit Kindern gelöst werden. Hamburg: Hoffmann und Campe.

Graf, J. (2003). Familienteam – Das Miteinander stärken®. [WWW document]. URL http://www.paed.uni-muenchen.de/~graf/familienteam/index.html (Stand: 31.3.2004).

Griebel, W. & Niesel, R. (2003). Die Bewältigung des Übergangs vom Kindergarten in die Grundschule. In W. E. Fthenakis (Hrsg.), Elementarpädagogik nach PISA: Wie aus Kindertagesstätten Bildungseinrichtungen werden können (S. 136–151). Freiburg i. Br.: Herder.

Grotberg, E. H. (1995). A guide to promoting resilience in children: Strengthening the human spirit. [WWW document]. URL http://resilnet.uiuc.edu/library/grotb95b.html (Stand: 31.3.2004).

Hampel, P. & Petermann, F. (1998). Anti-Streß-Training für Kinder. Weinheim: Beltz, PVU.

Hampel, P. & Petermann, F. (2001). Streß und Streßdiagnostik – Einführung in den Themenschwerpunkt. Kindheit und Entwicklung, 10 (3), 143–147.

Hanson, T. L. (1999). Does parental conflict explain why divorce is negatively associated with child welfare? Social Forces, 77 (4), 1283–1315.

Havighurst, R. J. (1982). Developmental tasks and education (1. st ed. 1948). New York: Longman.

Herrenkohl, E. C., Herrenkohl, R. C. & Egolf, B. (1994). Resilient early school-age children from maltreating homes: Outcomes in late adolescence. American Journal of Orthopsychiatry, 64 (2), 301–309.

Heskin, L. (1980). Northern Ireland: A psychological analysis. New York: Columbia University Press.

Hetherington, E. M. (1997). Teenaged childbearing and divorce. In S. S. Luthar, J. A. Burack, D. Cicchetti & J. R. Weisz (Hrsg.), Developmental psychopathology: Perspective on adjustment, risk, and disorder (S. 350–373). New York: Cambridge University Press.

Hetherington, E. M., Stanley-Ragan, M. & Anderson, E. R. (1989). Marital transitions: A child's perspective. American Psychologist, 44, 303–312.

Hock, B., Holz, G., Simmedinger, R. & Wüstendorfer, W. (2000). Gute Kindheit – Schlechte Kindheit? Armut und Zukunftschancen von Kindern und Jugendlichen in Deutschland. Abschlussbericht zur Studie im Auftrag des Bundesverbandes der Arbeiterwohlfahrt. Frankfurt a. M. (ISS-Pontifex 4/2000).

Hoffner, C. (1993). Children's strategies for coping with stress: Blunting and monitoring. Motivation and Emotion, 17, 91–106.

Holtz, K. L. (2000). Angst. In J. Borchert (Hrsg.), Handbuch der Sonderpädagogischen Psychologie (S. 771–782). Göttingen: Hogrefe.

Honkanen-Schoberth, P. (2003). Gewaltfreie Erziehung in der Familie. IKK-Nachrichten, 1–2, 13–16.

Honkanen-Schoberth, P. & Jennes-Rosenthal, L. (2000). ‚Starke Eltern – Starke Kinder'©. Elternkurs: Wege zur gewaltfreien Erziehung. Handbuch für Multiplikatoren. Herausgegeben vom Deutschen Kinderschutzbund Bundesverband e. V. Hannover: Eigenverlag des Deutschen Kinderschutzbundes Bundesverband e. V.

Howard, S., Dryden, J. & Johnson, B. (1999). Childhood resilience: Review and critique of literature. Oxford Review of Education, 25 (3), 307–323.

Hughes, J. N., Cavell, T. A. & Grossmann, P. B. (1997). A positive view of self: Risk or protection for aggressive children? Development and Psychopathology, 9, 75–94.

Jaede, W., Wolf, J. & Zeller-König, B. (1996). Gruppentraining mit Kindern aus Trennungs- und Scheidungsfamilien. Weinheim: Beltz, PVU.

Jekielek, S. M. (1998). Parental conflict, marital disruption and children's emotional well-being. Social Forces, 76 (3), 905–935.

Jessor, R., Turbin, M. S. & Costa, F. M. (1999). Protektive Einflußfaktoren auf jugendliches Gesundheitsverhalten. In P. Kolip (Hrsg.), Programme gegen Sucht: Internationale Ansätze zur Suchtprävention im Jugendalter (S. 41–69). Weinheim: Juventa.

Jessor, R., VanDenBos, J., Vanderryn, J., Costa, F. M. & Turbin, M. S. (1995). Protective factors in adolescent problem behavior: Moderator effects and developmental changes. Developmental Psychopathology, 31 (6), 923–933.

Joseph, J. M. (1994). The resilient child: Preparing today's youth for tomorrow's world. New York: Plenum Press.

Julius, H. & Goetze, H. (1998 a). Die Förderung adaptiver Ressourcen bei Risikokindern. Erste Ergebnisse aus einem Attributionstraining. Sonderpädagogik, 28 (1), 26–39.

Julius, H. & Goetze, H. (1998 b). Resilienzförderung bei Risikokindern – Ein Trainingsprogramm zur Veränderung maladaptiver Attributionsmuster. Potsdamer Studientexte, Heft 15. Potsdam: AVZ-Druckerei.

Julius, H. & Goetze, H. (2000). Resilienz. In J. Borchert (Hrsg.), Handbuch der Sonderpädagogischen Psychologie (S. 294–304). Göttingen: Hogrefe.

Julius, H. & Prater, M. A. (1996). Resilienz. Sonderpädagogik, 26, 228–235.

Kaplan, H. B. (1999). Towards an understanding of resilience: A critical review of definitions and models. In M. D. Glantz & J. L. Johnson (Hrsg.), Resilience and development: Positive life adaptations (S. 17–83). New York: Kluwer Academic/Plenum Publishers.

Kauffman, C., Grunebaum, H., Cohler, B. & Gamer, E. (1979). Superkids: Competent children of psychotic mothers. American Journal of Psychiatry, 136 (111), 1398–1402.

Kaufman, J., Cook, A., Arny, L., Jones, B. & Pittinsky, T. (1994). Problems defining resiliency: Illustrations from the study of maltreated children. Development and Psychopathology, 6, 215–229.

Klein-Heßling, J. & Lohaus, A. (2000). Streßpräventionstraining für Kinder im Grundschulalter. Göttingen: Hogrefe.

Kühl, J. (2003). Kann das Konzept der „Resilienz" die Handlungsperspektiven in der Frühförderung erweitern? Frühförderung interdisziplinär, 22 (2), 51–60.

Kumpfer, K.L. (1999). Factors and processes contributing to resilience: The resilience framework. In M.D. Glantz & J.L. Johnson (Hrsg.), Resilience and development: Positive life adaptations (S. 179–224). New York: Kluwer Academic/Plenum Publisher.

Kuschel, A., Miller, Y., Köppe, E., Hahlweg, K., Sanders, M. (2000). Prävention von oppositionellen und aggressiven Verhaltensstörungen bei Kindern: Triple P – ein Programm zu einer positiven Erziehung. Kindheit und Entwicklung, 9, 20–29.

Laucht, M. (1999). Risiko- vs. Schutzfaktor? Kritische Anmerkungen zu einer problematischen Dichotomie. In G. Opp, M. Fingerle & A. Freytag (Hrsg.), Was Kinder stärkt: Erziehung zwischen Risiko und Resilienz (S. 303–314). München: Ernst Reinhardt.

Laucht, M., Esser, G. & Schmidt, M.H. (1997). Developmental outcome of infants born with biological and psychosocial risks. Journal of Child Psychology and Psychiatry, 38 (7), 843–853.

Laucht, M., Esser, G. & Schmidt, M.H. (1998). Risiko- und Schutzfaktoren der frühkindlichen Entwicklung: Empirische Befunde. Zeitschrift für Kinder- und Jugendpsychiatrie, 26, 6–20.

Laucht, M., Esser, G. & Schmidt, M.H. (1999). Was wird aus Risikokindern? Ergebnisse der Mannheimer Längsschnittstudie im Überblick. In G. Opp, M. Fingerle & A. Freytag (Hrsg.), Was Kinder stärkt: Erziehung zwischen Risiko und Resilienz (S. 71–93). München: Ernst Reinhardt.

Laucht, M., Schmidt, M.H. & Esser, G. (2000). Risiko- und Schutzfaktoren in der Entwicklung von Kindern und Jugendlichen. Frühförderung interdisziplinär, 19 (3), 97–108.

Laucht, M. et al. (1996). Viereinhalb Jahre danach: Mannheimer Risikokinder im Vorschulalter. Zeitschrift für Kinder- und Jugendpsychiatrie, 24, 67–81.

Lazarus, R.S. & Folkman, S. (1984). Stress, appraisal, and coping. New York: Springer.

Lazarus, R.S. & Launier, R. (1981). Streßbezogene Transaktionen zwischen Personen und Umwelt. In J.R. Nitsch (Hrsg.), Streß: Theorien, Untersuchungen, Maßnahmen (S. 213–259). Bern: Huber.

Lewis, J.M. & Looney, J.D. (1883). The long struggle: Well functioning working class black families. New York: Brunner & Mazel.

Lohaus, A. & Klein-Heßling, J. (1999). Kinder im Streß und was Erwachsene dagegen tun können. München: Beck.

Lohaus, A. & Klein-Heßling, J. (2001). Streßerleben und Streßbewältigung im Kindesalter: Befunde, Diagnostik und Intervention. Kindheit und Entwicklung, 10 (3), 148–160.

Long, J. V. & Vaillant, G. E. (1984). Natural history of male psychological health, XI: Escape from the underclass. American Journal of Psychiatry, 141, 341–346.

Lösel, F. (1991). Meta-analysis and social prevention: Evaluation and a study of the family hypothesis in developmental psychopathology. In G. Albrecht & H.-U. Otto (Hrsg.), Social prevention and the social science (S. 305–332). Berlin: De Gruyter.

Lösel, F. (2001). 2. Zwischenbericht aus dem Forschungsprojekt „Förderung von Erziehungskompetenzen und sozialen Fertigkeiten in Familien: Eine kombinierte Präventions- und Entwicklungsstudie zu Störungen des Sozialverhaltens. Universität Erlangen-Nürnberg: Institut für Psychologie und Sozialwissenschaftliches Forschungszentrum.

Lösel, F. & Bender, D. (1994). Lebenstüchtig trotz schwieriger Kindheit: Psychische Widerstandskraft im Kindes- und Jugendalter. Psychoscope, 15 (7), 14–17.

Lösel, F. & Bender, D. (1997). Risiko- und Schutzfaktoren in der Entwicklungspsychopathologie: Zur Kontroverse um patho- versus salutogenetische Modelle. In H. Mandl (Hrsg.), Schwerpunktthema Wissen und Handeln. Bericht über den 40. Kongreß der Deutschen Gesellschaft für Psychologie in München 1996 (S. 302–309). Göttingen: Hogrefe.

Lösel, F. & Bender, D. (1999). Von generellen Schutzfaktoren zu differentiellen protektiven Prozessen: Ergebnisse und Probleme der Resilienzforschung. In G. Opp, M. Fingerle & A. Freytag (Hrsg.), Was Kinder stärkt: Erziehung zwischen Risiko und Resilienz (S. 37–58). München: Ernst Reinhardt.

Lösel, F. & Bliesener, T. (1990). Resilience in adolescence: A study on the generalizability of protective factors. In K. Hurrelmann & F. Lösel (Hrsg.), Health hazards in adolescence (S. 299–320). Berlin: De Gruyter.

Lösel, F. & Bliesener, T. (1994). Some high-risk adolescents do not develop conduct problems: A study of protective factors. International Journal of Behavioral Development, 4, 753–777.

Lösel, F., Bliesener, T. & Köferl, P. (1990). Psychische Gesundheit trotz Risikobelastung in der Kindheit: Untersuchungen zur „Invulnerabilität". In I. Seiffge-Krenke (Hrsg.), Krankheitsverarbeitung von Kindern und Jugendlichen (S. 103–123). Berlin: Springer.

Lösel, F., Kolip, P. & Bender, D. (1992). Streß-Resistenz im Multiproblem-Milieu: Sind seelisch widerstandsfähige Jugendliche „Superkids"? Zeitschrift für Klinische Psychologie, 21, 48–63.

Ludwig-Körner, C., Koch, G. (2003). Abschlussbericht des Modellprojektes „Primäre Prävention durch Familienbildung, -förderung und -beratung im Land Brandenburg". Potsdam: IFFE e. V. – Institut für Fortbildung, Forschung und Entwicklung an der Fachhochschule Potsdam.

Luthar, S. S. (1991). Vulnerability and resilience: A study of high-risk adolescents. Child Development, 62, 600–616.

Luthar, S. S. (1993). Annotation: Methodological and conceptual issues in research on childhood resilience. Journal of Child Psychology and Psychiatry, 34 (4), 441–453.

Luthar, S. S. (1995). Social competence in the school setting: prospective cross-domain associations among inner-city teens. Child Development, 66, 416–429.

Luthar, S. S. & Cicchetti, D. (2000). The construct of resilience: Implications for interventions and social policies. Development and Psychopathology, 12, 857–885.

Luthar, S. S., Cicchetti, D. & Becker, B. (2000). The construct of resilience: A critical evaluation and guidelines for future work. Child Development, 71, 543–562.

Luthar, S. S. & Cushing, G. (1999). Measurement issues in the empirical study of resilience: An overview. In M. D. Glantz & J. L. Johnson (Hrsg.), Resilience and development: Positive life adaptations (S. 129–160). New York: Kluwer Academic/Plenum Publishers.

Luthar, S. S. & Zigler, E. (1991). Vulnerability and competence: A review of research on resilience in childhood. American Journal of Orthopsychiatry, 61 (1), 6–22.

Lutzke, J. R., Ayers, T. S., Sandler, I. N. & Barr, A. (1997). Risks and interventions for the parentally bereaved child. In S. A. Wolchik & I. N. Sandler (Hrsg.), Handbook of children's coping: Linking theory and intervention. Issues in clinical child psychology (S. 215–243). New York: Plenum Press.

Masten, A. S. (1999). Resilience comes of age: Reflections on the past and outlook for the next generation of research. In M. D. Glantz & J. L. Johnson (Hrsg.), Resilience and development: Positive life adaptations (S. 281–296). New York: Kluwer Academic/Plenum Publishers.

Masten, A. S. (2001 a). Ordinary magic: Resilience processes in development. American Psychologist, 56 (3), 227–238.

Masten, A. S. (2001 b). Resilienz in der Entwicklung: Wunder des Alltags. In G. Röper, C. von Hagen & G. Noam (Hrsg.), Entwicklung und Risiko: Perspektiven einer klinischen Entwicklungspsychologie (S. 192–219). Stuttgart: Kohlhammer.

Masten, A. S., Best, K. M. & Garmezy, N. (1990). Resilience and development: Contributions from the study of children who overcome adversity. Development and Psychopathology, 2, 425–444.

Masten, A.S. & Coatsworth, J.D. (1998). The development of competence in favorable and unfavorable environments. Lessons from research on successful children. American Psychologist, 53 (2), 205–220.

Mayr, T. (2000). Entwicklungsrisiken bei armen und sozial benachteiligten Kindern und die Wirksamkeit früher Hilfen. In H. Weiß (Hrsg.), Frühförderung mit Kindern und Familien in Armutslagen (S. 142–143). München: Ernst Reinhardt.

McCubbin, H.I., Thompson, E.A., Thompson, A.I. & Futrell, J.A. (1999). The dynamics of resilient families. London: SAGE Publications.

McFarlane, A.C. (1987). Posttraumatic phenomena in a longitudinal study of children following a natural disaster. Journal of the American Academy of Child and Adolescent Psychiatry, 26, 764–769.

Minsel, B. (1999). Eltern- und Familienbildung. In R. Tippelt (Hrsg.), Handbuch Erwachsenenbildung, Weiterbildung (2., überarb. und aktualisierte Aufl., S. 603–609). Opladen: Leske + Budrich.

Moffitt, T.E. (1993). The neuropsychology of conduct disorder. Development and Psychopathology, 5, 135–151.

Moriarty, A. (1987). John, a boy who acquired resilience. In E.J. Anthony & B.J. Cohler (Hrsg.), The invulnerable child (S. 106–143). New York: Guilford Press.

Morrisson, D.R. & Coiro, M.J. (1999). Parental conflict and marital disruption: Do children benefit when high-conflict marriages are dissolved? Journal of Marriage and the Family, 61, 626–637.

Moskovitz, S. (1983). Love despite hate: Child survivors of the Holocaust and theirs adult lives. New York: Schocken.

Niebank, K. & Petermann, F. (2000). Grundlagen und Ergebnisse der Entwicklungspsychopathologie. In F. Petermann (Hrsg.), Lehrbuch der klinischen Kinderpsychologie und -psychotherapie (4., vollständig überarb. u. erw. Aufl., S. 57–94). Göttingen: Hogrefe.

Niesel, R. & Griebel, W. (in Druck). Transitionen: Fähigkeit von Kindern in Tageseinrichtungen fördern, Veränderungen erfolgreich zu bewältigen. Herausgegeben von W.E. Fthenakis. Weinheim: Beltz.

O'Dougherty, M., Wright, F.S., Garmezy, N., Loewenson, R.B. & Torres, F. (1983). Later competence and adaptation in infants who survive severe heart defects. Child development, 54, 1129–1142.

Oerter, R. (1995). Kultur, Ökologie und Entwicklung. In R. Oerter & L. Montada (Hrsg.), Entwicklungspsychologie. Ein Lehrbuch (3., vollst. überarb. Aufl., S. 84–127). Weinheim: Beltz, PVU.

Oerter, R. (1999). Klinische Entwicklungspsychologie: Zur notwendigen Integration zweier Fächer. In R. Oerter, C. von Hagen, G. Röper & G. Noam (Hrsg.), Klinische Entwicklungspsychologie. Ein Lehrbuch (S. 1–10). Weinheim: Beltz, PVU.

Opp, G. (1999). Schule – Chance und Risiko. In G. Opp, M. Fingerle & A. Freytag (Hrsg.), Was Kinder stärkt: Erziehung zwischen Risiko und Resilienz (S. 229–243). München: Ernst Reinhardt.

Opp, G. & Fingerle, M. (2000). Risiko und Resilienz in der frühen Kindheit am Beispiel von Kindern aus sozioökonomisch benachteiligten Familien: amerikanische Erfahrungen mit Head Start. In H. Weiß (Hrsg.), Frühförderung mit Kindern und Familien in Armutslagen (S. 164–174). München: Ernst Reinhardt.

Opp, G., Fingerle, M. & Freytag, A. (1999). Erziehung zwischen Risiko und Resilienz: Neue Perspektiven für die heilpädagogische Forschung und Praxis. In G. Opp, M. Fingerle & A. Freytag (Hrsg.), Was Kinder stärkt: Erziehung zwischen Risiko und Resilienz (S. 9–21). München: Ernst Reinhardt.

Patterson, J. M. (2002). Understanding family resilience. Journal of Clinical Psychology, 58 (3), 233–246.

Petermann, F. (2000). Grundbegriffe und Trends der Klinischen Kinderpsychologie und Kinderpsychotherapie. In F. Petermann (Hrsg.), Lehrbuch der klinischen Kinderpsychologie und -psychotherapie (4., vollständig überarb. u. erw. Aufl., S. 9–26). Göttingen: Hogrefe.

Petermann, F. (2003). Prävention von Verhaltensstörungen – Einführung in den Themenschwerpunkt. Kindheit und Entwicklung, 12 (2), 65–70.

Petermann, F., Kusch, M. & Niebank, K. (1998). Entwicklungspsychopathologie. Ein Lehrbuch. Weinheim: Beltz, PVU.

Petermann, U. & Petermann, F. (2000). Training mit sozial unsicheren Kindern (7., vollständig überarb. Aufl.). Weinheim: Beltz, PVU.

Petermann, U. & Petermann, F. (2002). Biopsychosoziale Perspektiven der Entwicklungspsychopathologie. In B. Rollett & H. Werneck (Hrsg.), Klinische Entwicklungspsychologie der Familie (S. 46–68). Göttingen: Hogrefe.

Petzold, H. G., Goffin, J. J. M. & Oudhof, J. (1993). Protektive Faktoren und Prozesse – die „positive" Perspektive in der longitudinalen, „klinischen Entwicklungspsychologie" und ihre Umsetzung in die Praxis der Integrativen Therapie. In H. G. Petzold (Hrsg.), Frühe Schädigungen – späte Folgen?: Psychotherapie und Babyforschung (Bd. 1: Die Herausforderungen der Längsschnittforschung, S. 345–497). Paderborn: Junfermann.

Radke-Yarrow, M. & Brown, E. (1993). Resilience and vulnerability in children of multiple-risk families. Development and Psychopathology, 5, 581–592.

Refle, G. & Schmitz, U. (2003). Modellprojekt „Familienbildung in Kooperation mit Kindertageseinrichtungen". Zwischenbericht. Chemnitz: Sächsisches Landesamt für Familie und Soziales.

Remschmidt, H. (1988). Risikofaktoren, protektive Faktoren und Prävention. In K.P. Kisker et al. (Hrsg.), Psychiatrie der Gegenwart (Bd. 7: Kinder- und Jugendpsychiatrie, S. 375–410). Berlin: Springer.

Richman, J.M. & Fraser, M.W. (2001). Resilience in childhood: The role of risk and protection. In J.M. Richman & M.W. Fraser (Hrsg.), The context of youth violence: resilience, risk, and protection (S. 1–12). Westport: Praeger Publishers.

Richters, J.E. & Martinez, P.E. (1993). Violent communities, family choices, and children's chances: An algorithm for improving the odds. Development and Psychopathology, 5, 609–627.

Röper, G., Hagen, von C. & Noam, G. (2001). Perspektiven der Klinischen Entwicklungspsychologie. In G. Röper, C. von Hagen & G. Noam (Hrsg.), Entwicklung und Risiko: Perspektiven einer klinischen Entwicklungspsychologie (S. 11–24). Stuttgart: Kohlhammer.

Rosenblatt, R. (1983). Children of war. New York: Anchor Press/Doubleday.

Rosenfeld, L.B., Lahad, M. & Cohen, A. (2001). Disaster, trauma, and children's resilience: A community response perspective. In J.M. Richman & M.W. Fraser (Hrsg.), The context of youth violence: Resilience, risk, and protection (S. 133–185). Westport, CT: Praeger Publishers.

Ruppert, W. (2002). Stress und Stressbewältigung – ein Beitrag zur Gesundheitsförderung in der Schule. [WWW document]. URL http://www.uni-frankfurt.de/fb15/didaktik/veroeff/FfmBeitraegeI/STRE_BEW_LTIGUNG.pdf (Stand: 31.3.2004).

Rutter, M. (1979). Protective factors in children's response to stress and disadvantage. In M.W. Kent & J.E. Rolf (Hrsg.), Primary prevention of psychopathology (Vol. 3.: Social competence in children, S. 49–74). Hanover, NH: University Press of New England.

Rutter, M. (1985). Resilience in the face of adversity: Protective factors and resistance to psychiatric disorder. British Journal of Psychiatry, 147, 598–611.

Rutter, M. (1990). Psychosocial resilience and protective mechanisms. In J. Rolf, A. Masten, D. Cicchetti, K. Nuechterlein & S. Weintraub (Hrsg.), Risk and protective factors in the development of psychopathology (S. 181–214). Cambridge: Cambridge University Press.

Rutter, M. (1993 a). Resilience: Some conceptual considerations. Journal of Adolescent Health, 14 (8), 626–631.

Rutter, M. (1993 b). Wege von der Kindheit zum Erwachsenenalter. In H. Petzold (Hrsg.), Frühe Schädigungen – späte Folgen? Psychotherapie und Babyforschung (Bd. 1: Die Herausforderungen der Längsschnittforschung, S. 23–65). Paderborn: Junfermann.

Rutter, M. (1999). Resilience concepts and findings: Implications for family therapy. Journal of Family Therapy, 21 (2), 119–144.
Rutter, M. (2000). Resilience reconsidered: Conceptual considerations, empirical findings, and policy implications. In J. P. Shonkoff & S. J. Meisels (Hrsg.), Handbook of early childhood intervention (S. 651–682). Cambridge: Cambridge University Press.
Rutter, M. (2001). Psychosocial adversity: Risk, resilience and recovery. In J. M. Richman & M. W. Fraser (Hrsg.), The context of youth violence: resilience, risk, and protection (S. 13–41). Westport, CT: Praeger Publishers.
Rutter, M., Cox, A., Tupling, C., Berger, M. & Yule, W. (1975). Attainment and adjustment in two geographical areas. I: The prevalence of psychiatric disorder. British Journal of Psychiatry, 126, 493–509.
Sanders, M. R., Markie-Dadds, C. & Turner, K. M. T. (1999). Positive Erziehung. Münster: PAG, Institut für Psychologie AG.
Sandler, I. N., Tein, J. & West, S. G. (1994). Coping, stress, and the psychological symptoms of children of divorce: A cross-sectional and longitudinal study. Child Development, 65, 1744–1763.
Scarr, S. & McCartney, K. (1983). How people make their own environment: A theory of genotype environment effects. Child Development, 54, 424–435.
Scheithauer, H., Niebank, K. & Petermann, F. (2000). Biopsychosoziale Risiken in der Entwicklung: Das Risiko- und Schutzfaktorenkonzept aus entwicklungspsychopathologischer Sicht. In F. Petermann, K. Niebank & H. Scheithauer (Hrsg.), Risiken in der frühkindlichen Entwicklung: Entwicklungspsychopathologie der ersten Lebensjahre (S. 65–97). Göttingen: Hogrefe.
Scheithauer, H. & Petermann, F. (1999). Zur Wirkungsweise von Risiko- und Schutzfaktoren in der Entwicklung von Kindern und Jugendlichen. Kindheit und Entwicklung, 8 (1), 3–14.
Scheithauer, H. & Petermann, F. (2000 a). Aggression. In F. Petermann (Hrsg.), Lehrbuch der klinischen Kinderpsychologie und -psychotherapie (4., vollständig überarb. u. erw. Aufl., S. 187–226). Göttingen: Hogrefe.
Scheithauer, H. & Petermann, F. (2000 b). Frühinterventionen und -präventionen im Säuglings-, Kleinkind- und frühen Kindesalter. In F. Petermann, K. Niebank & H. Scheithauer (Hrsg.), Risiken in der frühkindlichen Entwicklung: Entwicklungspsychopathologie der ersten Lebensjahre (S. 331–356). Göttingen: Hogrefe.
Scheithauer, H., Petermann, F. & Niebank, K. (2000). Frühkindliche Entwicklung und Entwicklungsrisiken. In F. Petermann, K. Niebank & H. Scheithauer (Hrsg.), Risiken in der frühkindlichen Entwicklung: Entwicklungspsychopathologie der ersten Lebensjahre (S. 15–38). Göttingen: Hogrefe.

Scheithauer, H., Petermann, F. & Niebank, K. (2002). Frühkindliche Risiko- und Schutzbedingungen: Der familiäre Kontext aus entwicklungspsychopathologischer Sicht. In B. Rollett & H. Werneck (Hrsg.), Klinische Entwicklungspsychologie der Familie (S. 69–97). Göttingen: Hogrefe.

Schlevogt, V. (2003). Mo.Ki – Monheim für Kinder: Problemanalyse und mögliche Handlungsfelder. Erster Sachstandsbericht der wissenschaftlichen Begleitung des Instituts für Sozialarbeit und Sozialpädagogik e. V. Frankfurt/M.: ISS (abrufbar unter http://www.projektneuewege.de/Fachgruppen/Familie/ModellprojektFoerderungKindernFamilien.pdf, Stand: 31.3.2004).

Schmidt-Denter, U. (2000). Entwicklung von Trennungs- und Scheidungsfamilien: Die Kölner Längsschnittstudie. In K. A. Schneewind (Hrsg.), Familienpsychologie im Aufwind: Brückenschläge zwischen Forschung und Praxis (S. 203–221). Göttingen: Hogrefe.

Schmidt-Denter, U. (2001). Differentielle Entwicklungsverläufe von Scheidungskindern. In S. Walper & R. Pekrun (Hrsg.), Familie und Entwicklung: Aktuelle Perspektiven der Familienpsychologie (S. 293–313). Göttingen: Hogrefe.

Schneewind, K. A. (2001). Familienpsychologie. In D. H. Rost (Hrsg.), Handwörterbuch Pädagogische Psychologie (2. Aufl., S. 179–190). Weinheim: Beltz, PVU.

Schneewind, K. A. (2003 a). Freiheit in Grenzen: Eine interaktive CD-ROM zur Stärkung elterlicher Erziehungskompetenzen für Eltern mit Kindern zwischen 6 und 12 Jahren. München: Universität München (Bestellungsmodalitäten sind abrufbar unter URL http://www.paed.uni-muenchen.de/~ppd/freiheit/, Stand: 31.3.2004).

Schneewind, K. A. (2003 b). „Freiheit in Grenzen" – ein Konzept zur Stärkung elterlicher Erziehungskompetenzen. IKK-Nachrichten, 1–2, 9–12.

Schneider, S. (1998). Wie die Eltern, so das Kind? Protektive und pathogene Faktoren in der Entwicklung von Angsterkrankungen. In J. Margraf, S. Siegrist & S. Neumer (Hrsg.), Gesundheits- oder Krankheitstheorie? Saluto- versus pathogenetische Ansätze im Gesundheitswesen (S. 161–167). Berlin: Springer.

Schrapper, C. & Ossowski, E. (2002). Evaluation des Modellprojektes „Zugehende Beratung in Kindertageseinrichtungen" der Lebensberatungsstellen im Bistum Trier. Eine Studie der Universität Koblenz-Landau, Arbeitsbereich Sozialpädagogik in Zusammenarbeit mit dem Bistum Trier. Zwischenbericht. Koblenz: Universität Koblenz-Landau.

Schwarzer, C., Meißen, B. & Buchwald, P. (2001). Stressmanagement im Erziehungsalltag. Düsseldorf: Caritasverband für das Bistum Aachen.

Seligman, M. E. P. (1979). Erlernte Hilflosigkeit. München: Urban & Schwarzenberg.

Seligman, M. E. P. (1999). Kinder brauchen Optimismus. Reinbek: Rowohlt.
Sheehy, G. (1987). Spirit of survival. New York: Bantam Books.
Shure, M. & Spivack, G. (1981). Probleme lösen im Gespräch. Stuttgart: Klett-Cotta.
Smokowski, P. R. (1998). Prevention and intervention strategies for promoting resilience in disadvantaged children. Social Service Review, 72, 337–364.
Tarter, R. E. & Vanyukov, M. (1999). Re-visiting the validity of the construct of resilience. In M. D. Glantz & J. L. Johnson (Hrsg.), Resilience and development: Positive life adaptation (S. 85–100). New York: Kluwer Academic/ Plenum Publisher.
Terr, L. C. (1981). Psychic trauma in children: Observations following the Cowchilla school-bus kidnapping. American Journal of Psychiatry, 138 (1), 14–19.
Thomas, A. & Chess, S. (1980). Temperament und Entwicklung. Stuttgart: Enke.
Tress, W. (1986). Das Rätsel der seelischen Gesundheit: Traumatische Kindheit und früher Schutz gegen psychogene Störungen. Göttingen: Vandenhoek.
Tschann, J. M., Kaiser, P., Chesney, M. A., Alkon, A. & Boyce, W. T. (1996). Resilience and vulnerability among preschool children: Family functioning, temperament, and behavior problems. Journal of the American Academy of Child and Adolescent Psychiatry, 35 (2), 184–192.
Tschöpe-Scheffler, S. & Niermann, J. (2002). Forschungsbericht Evaluation des Elternkurskonzepts „Starke Eltern – Starke Kinder®" des Deutschen Kinderschutzbundes Bundesverband e. V. Köln: Fachhochschule Köln, Fakultät für Angewandte Sozialwissenschaften.
Wadsworth, M. (1999). Ergebnisse der Resilienzforschung in Großbritannien. In G. Opp, M. Fingerle & A. Freytag (Hrsg.), Was Kinder stärkt: Erziehung zwischen Risiko und Resilienz (S. 59–70). München: Ernst Reinhardt.
Waller, M. A. (2001). Resilience in ecosystemic context: Evolution of the concept. American Journal of Orthopsychiatry, 71 (3), 290–297.
Wallerstein, J. S. & Blakeslee, S. (1989). Second chances: Men, women, and children a decade after divorce. New York: Ticknor and Fields.
Wallerstein, J. S. & Kelly, J. B. (1980). Surviving the breakup: How children and parents cope with divorce. New York: Basic Books.
Walsh, F. (1998). Strengthening family resilience. New York, London: The Guilford Press.
Waters, E. & Sroufe, A. L. (1983). Social competence as a developmental construct. Developmental Review, 3, 79–99.
Weiß, H. (1999). Frühförderung als protektive Maßnahme – Resilienz im Kleinkindalter. In G. Opp, M. Fingerle & A. Freytag (Hrsg.), Was Kinder

stärkt: Erziehung zwischen Risiko und Resilienz (S. 124–141). München: Ernst Reinhardt.

Wells, R. D. & Schwebel, A. I. (1987). Chronically ill children and their mothers: Predictors of resilience and vulnerability to hospitalization and surgical stress. Journal of Development and Behavioral Pediatrics, 18, 83–89.

Werner, E. E. (1993). Risk, resilience, and recovery: Perspectives from the Kauai Longitudinal Study. Development and Psychopathology, 5 (4), 503–515.

Werner, E. E. (1995). Resilience in development. American psychological society, 4, 81–85.

Werner, E. E. (1997). Gefährdete Kindheit in der Moderne: Protektive Faktoren. Vierteljahresschrift für Heilpädagogik und ihre Nachbargebiete, 66 (2), 192–203.

Werner, E. E. (1999 a). Children of the garden island. In A. Slater & D. Muir (Hrsg.), The Blackwell reader in developmental psychology (S. 482–492). Oxford: Blackwell Publisher.

Werner, E. E. (1999 b). Entwicklung zwischen Risiko und Resilienz. In G. Opp, M. Fingerle & A. Freytag (Hrsg.), Was Kinder stärkt: Erziehung zwischen Risiko und Resilienz (S. 25–36). München: Ernst Reinhardt.

Werner, E. E. (2000). Protective factors and individual resilience. In J. P. Shonkoff & S. J. Meisels (Hrsg.), Handbook of early childhood intervention (S. 115–132). Cambridge: Cambridge University Press.

Werner, E. E. (2001). The Children of Kauai: Pathways from birth to midlife. In R. K. Silbereisen & M. Reitzle (Hrsg.), „Psychologie 2000". Bericht über den 42. Kongress der Deutschen Gesellschaft für Psychologie in Jena 2000. Berlin: Pabst Science Publishers.

Werner, E. E., Bierman, J. M. & French, F. E. (1971). The children of Kauai: A longitudinal study from the prenatal period to age ten. Honolulu: University of Hawaii Press.

Werner, E. E. & Johnson, J. L. (1999). Can we apply resilience? In M. D. Glantz, J. L. Johnson et al. (Hrsg.), Resilience and development: Positive life adaptations (S. 259–268). New York: Kluwer Academic/Plenum Publishers.

Werner, E. E. & Smith, R. S. (1977). Kauai's children come of age. Honolulu: University of Hawaii Press.

Werner, E. E. & Smith, R. S. (1982). Vulnerable but invincible: A study of resilient children. New York: McGraw-Hill.

Werner, E. E. & Smith, R. S. (1992). Overcoming the odds: High risk children from birth to adulthood. Ithaca: Cornell University Press.

Werner, E. E. & Smith, R. S. (2001). Journeys from childhood to midlife: Risk, resilience, and recovery. Ithaca: Cornell University Press.

Windle, M. (1999). Critical conceptual and measurement issues in the study of resilience. In M. D. Glantz & J. L. Johnson (Hrsg.), Resilience and development: Positive life adaptation (S. 161–176). New York: Kluwer Academic/ Plenum Publisher.

Wolke, D. (2001). Entwicklung von Risikokindern: Biologische, familiäre oder individuelle Risikofaktoren. In R. K. Silbereisen & M. Reitzle (Hrsg.), „Psychologie 2000". Bericht über den 42. Kongreß der Deutschen Gesellschaft für Psychologie in Jena 2000. Berlin: Pabst Science Publisher.

Wyman, P. A., Sandler, I., Wolchik, S. & Nelson, K. (2000). Resilience as cumulative competence promotion and stress protection: Theory and intervention. In D. Cicchetti, J. Rappaport, I. Sandler & R. P. Weissberg (Hrsg.), The promotion of wellness in children and adolescents (S. 133–184). Washington: CWLA Press.

Zimbardo, P. (1995). Psychologie (6. Aufl.). Berlin: Springer.

Zimmerman, M. A. & Arunkumar, R. (1994). Resiliency research: Implications for schools and policy. Social Policy Report, 8 (4), 1–17.

Zimmermann, P. (2000). Bindung, internale Arbeitsmodelle und Emotionsregulation: Die Rolle von Bindungserfahrungen im Risiko-Schutz-Modell. Frühförderung interdisziplinär, 19, 119–129.

Zimmermann, P., Suess, G. J., Scheuerer-Englisch, H. & Grossmann, K. E. (2000). Der Einfluß der Eltern-Kind-Bindung auf die Entwicklung psychischer Gesundheit. In F. Petermann, K. Niebank & H. Scheithauer (Hrsg.), Risiken in der frühkindlichen Entwicklung: Entwicklungspsychopathologie der ersten Lebensjahre (S. 301–327). Göttingen: Hogrefe.

Abbildungsverzeichnis